A evangelização mudando vidas

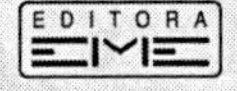

Solicite nosso catálogo completo, com mais de 500 títulos, onde você encontra as melhores opções do bom livro espírita: literatura infantojuvenil, contos, obras biográficas e de autoajuda, mensagens espirituais, romances, estudos doutrinários, obras básicas de Allan Kardec, e mais os esclarecedores cursos e estudos para aplicação no centro espírita - iniciação, mediunidade, reuniões mediúnicas, oratória, desobsessão, fluidos e passes.

E caso não encontre os nossos livros na livraria de sua preferência, solicite o endereço de nosso distribuidor mais próximo de você.

Edição e distribuição

EDITORA EME
Avenida Brigadeiro Faria Lima, 1080 - Vila Fátima
CEP 13369-040 - Capivari-SP
Telefones: (19) 3491-7000 | 3491-5449
Vivo (19) 9 9983-2575 | Claro (19) 9 9317-2800
vendas@editoraeme.com.br - www.editoraeme.com.br

@editoraeme /editoraeme editoraemeoficial @EditoraEme

Lucia Moysés

Nas mãos amigas dos pais

A evangelização mudando vidas

Capivari-SP
- 2024 -

A Editora EME mantém o Centro Espírita "Mensagem de Esperança" e patrocina, junto com outras empresas, a Central de Educação e Atendimento da Criança (Casa da Criança), em Capivari-SP.

5ª reimpressão - julho/2024 - de 5.501 a 5.700 exemplares

CAPA | Abner Almeida
DIAGRAMAÇÃO | Victor Augusto Benatti
REVISÃO | Editora EME
FOTOGRAFIAS | Lorena Mossa
Equipe CESB / Niterói

Ficha catalográfica

Moysés, Lucia, 1945
A evangelização mudando vidas / Lucia Moysés - 5ª reimp. jul. 2024 - Capivari, SP : Editora EME.
200 p.

1ª ed. abr. 2013
ISBN 978-85-66805-01-7

1. Educação espírita. 2. Evangelização infantojuvenil. 3. Experiências na evangelização 4. Vivência espírita I. Título

CDD 133.9

Para a saudosa Cecília Rocha,
uma vida dedicada à
evangelização espírita de
crianças e jovens.

Agradecimentos

A Deus e aos Amigos Espirituais.
A todos aqueles que contribuíram
para a realização do trabalho aqui relatado.

Agradecimento especial

A Maria do Carmo Sepúlveda,
pelo olhar atento e sugestões criteriosas.

SUMÁRIO

APRESENTAÇÃO

Homens doutos, instruí os vossos semelhantes; homens de talento, educai os vossos irmãos. Não imaginais que obra fazeis desse modo: a do Cristo, a que Deus vos impõe. Para que vos outorgou Deus a inteligência e o saber, senão para o repartirdes com os vossos irmãos, senão para fazerdes que se adiantem pela senda que conduz à bem-aventurança, à felicidade eterna?

São Luís, Santo Agostinho. ***O Evangelho segundo o Espiritismo***, cap. IX.

Corria o ano de 1994. Buscando atuar de forma mais efetiva no Movimento Espírita, ofereci-me para colaborar em uma Instituição Espírita do nosso bairro, o Grupo da Fraternidade Espírita Carlos Imbassahy. A dirigente, antiga companheira das lidas espíritas, me recebeu de braços abertos.

A casa tinha pouco mais de dois anos. O número de crianças não parava de aumentar, causando-lhe um misto de alegria e apreensão. Contava com apenas cinco voluntários para a tarefa da educação espírita de crianças e jovens, quase todos sem formação pedagógica. Afirmando não levar o menor jeito para lidar com esse tipo de público, e percebendo que a minha experiência como pedagoga poderia ser útil na equipe do Departamento de Infância e Juventude (DIJ), ofereceu-me uma função neste departamento.

No dia seguinte, fui convidada para conhecer melhor a casa. Era uma construção bem simples, de madeira, a que todos chamavam de barracão. Muito modesta, continha apenas três salas de aula. Procurei me inteirar de tudo acerca do trabalho. Conversei com a coordenadora, que me relatou suas dificuldades e falou-me do seu desejo de ter alguém para auxiliá-la. Saí dali convicta de que não poderia deixar escapar a oportunidade que Deus acabava de colocar no meu caminho. Meses depois, a dirigente me convidou para assumir a direção do DIJ.

Escola de almas, o Imbassahy foi, para mim, fonte de inesgotáveis aprendizagens, dando-me também o ensejo de dividir com os companheiros que lá encontrei minha experiência no campo pedagógico. E mais do que isso: foi lá que vi nascer e florescer algumas amizades que cultivo pela vida afora.

No campo profissional, além de exercer o magistério no ensino superior, pude, também, realizar pesquisas e aprofundar estudos sobre psicologia educacional, com enfoque no processo de ensino e aprendizagem.

Há alguns anos transferi essa experiência pedagógica para cursos, seminários e capacitações de educadores espíritas. Tive, ainda, a chance de me aproximar da realidade da educação espírita infantojuvenil na condição de coordenadora de grupos de evangelizadores. Esse contato se deu tanto a nível macro – na federativa fluminense, o Conselho Espírita do Estado do Rio de Janeiro –, quanto em termos de casa espírita.

Do meio acadêmico trouxe o olhar com que busco nortear tais práticas. Da doutrina espírita, a razão para levá-las adiante.

Neste livro relato o trabalho que, juntamente com a equipe do Serviço de Evangelização da Família (antigo DIJ), desenvolvi em um centro espírita de Niterói. Uma obra tecida por muitas mãos e muitos corações.

Espero que, em suas páginas, o educador espírita perceba que por trás de qualquer prática pedagógica há sempre uma teoria de ensino-aprendizagem que lhe dá suporte. Para tal, procurei enlaçar os aspectos teóricos a exemplos por nós vividos nos dois últimos anos. É minha intenção mostrar, principalmente aos companheiros que carecem de formação pedagógica, que é muito fácil aliar prática e teoria, quando esta é bem compreendida.

Mas, como todo trabalho que se faz na casa espírita não pode prescindir das bases doutrinárias, queremos explicitar as orientações elaboradas por Allan Kardec acerca da educação do espírito. Foram elas que iluminaram o nosso caminhar, enquanto equipe. E são elas que sustentam a minha determinação de fazer desse tema - a educação do espírito - objeto da atenção dos que estão encarregados de traçar rumos e desenvolver meios capazes de atender aqueles que retornam ao cenário terreno em busca da sua evolução espiritual.

Essas orientações se encontram em *O Livro dos Espíritos*. Algumas delas não são, necessariamente, literais.

- A vida do Espírito se compõe de uma série de existências corpóreas, cada uma das quais representa para ele uma ocasião de progredir. (191).
- Os espíritos só entram na vida corporal para se aperfeiçoarem, para se melhorarem. A fragilidade dos primeiros anos os torna brandos, acessíveis aos conselhos da experiência e dos que devam fazê-los progredir. É quando se pode reformar o seu caráter e reprimir seus maus pendores. (385).
- Os espíritos devem contribuir para o progresso uns dos outros. (208).
- O homem, na condição de espírito não é fatalmente levado ao mal [...] Ele pode, por prova e por expiação, escolher ser para ele arrastado, podendo resistir-lhe, ou não, se ainda nele prevalecerem as más tendências. Cabe à educação combater essas más tendências. (872).

- A melhoria do nosso planeta depende de se dar uma boa educação moral ao homem, ensinando-o a praticar a lei de Deus. (707).
- À medida que os homens se instruem acerca das coisas espirituais, menos valor dão às coisas materiais. Além disso, necessário é que se reformem as instituições humanas que o entretêm e excitam. Isso depende da educação. (914).
- O egoísmo se enfraquecerá à proporção que a vida moral for predominante sobre a vida material e, sobretudo, com a compreensão, que o Espiritismo faculta a todos. Quando bem compreendido, se estiver identificado com os costumes e as crenças, o Espiritismo transformará os hábitos, os usos, as relações sociais. (917).
- A cura do egoísmo só se obterá se o mal for atacado em sua raiz, isto é, pela educação, não por essa educação que tende a fazer homens instruídos, mas pela que tende a fazer homens de bem. A educação, convenientemente entendida, constitui a chave do progresso moral. (917)
- Quando se conhecer a arte de manejar os caracteres, como se conhece a de manejar as inteligências, conseguir-se-á corrigir o orgulho e o egoísmo, do mesmo modo que se aprumam plantas novas. Essa arte, porém, exige muito tato, muita experiência e profunda observação. É grave erro pensar-se que, para exercê-la com proveito baste o conhecimento da Ciência. [...] Faça-se com o moral o que se faz com a inteligência e ver-se-á que, se há naturezas refratárias, muito maior do que se julga é o número das que apenas reclamam boa cultura, para produzir bons frutos. (917)
- O espírito prova a sua elevação quando todos os atos de sua vida corporal representam a prática da lei de Deus e quando antecipadamente compreende a vida espiritual. (918)

DESAFIOS DE HOJE: "SÃO CHEGADOS OS NOVOS TEMPOS"

Que o mundo está mudando com uma velocidade vertiginosa ninguém mais duvida. A difusão instantânea da informação atinge todos os pontos da Terra, fruto dos avanços tecnológicos na área da comunicação. A cada dia aperfeiçoam-se aparatos, criando novos hábitos e novos usuários. É inegável a revolução que tais meios vêm causando nos mais variados campos humanos, como os das relações econômicas, sociais, culturais e políticas. Até mesmo a forma de se conceber o tempo e o espaço não escaparam à influência dessa revolução eletrônica. Apesar de ser um fenômeno ainda recente, tudo indica que estamos caminhando para um novo tipo de civilização, com mudança nos hábitos econômicos e sociais, bem como nos interesses, resultando em novas formas de pensar e sentir.

Toda essa mudança também está se refletindo nas crianças e jovens - o público-alvo da educação espírita infantojuvenil que se faz nas casas espíritas. Quem já vem atuando nessa área percebeu a diferença, com certeza. E não se trata de um passado remoto. A mudança é recente. Talvez não chegue a cinco anos, mas veio forte e para ficar.

> Hoje, a Humanidade está madura para lançar o olhar a alturas que nunca tentou divisar, a fim de nutrir-se de ideias mais amplas e compreender o que antes não compreendia. A geração que desaparece levará consigo seus erros e prejuízos; a gera-

ção que surge, retemperada em fonte mais pura, imbuída de ideias mais sãs, imprimirá ao mundo ascensional movimento, no sentido do progresso moral que assinalará a nova fase da evolução humana.

Assim registrou Kardec, em 1868, sob a chancela dos espíritos benfeitores, em *A Gênese*, no capítulo XVIII, intitulado "São chegados os tempos." E acrescenta:

> Cabendo-lhe fundar a era do progresso moral, a nova geração se distingue por inteligência e razão geralmente precoces, juntas ao sentimento inato do bem e a crenças espiritualistas, o que construiu sinal indubitável de certo grau de adiantameneto anterior. Não se comporá exclusivamente de Espíritos eminentemente superiores, mas dos que, já tendo progredido, se acham predispostos a assimilar todas as ideias progressistas e aptos a secundar o movimento de regeneração. [...] todos terão por divisa: caridade, fraternidade, benevolência para com todos, tolerância para todas as crenças.

Há uma compreensão geral de que nossos jovens e crianças, possivelmente, já fazem parte dessa nova geração a que se referiu o codificador há quase 150 anos. Muitos espíritos como Bezerra de Menezes e Manoel Philomeno de Miranda[1] estão nos alertando para a transição planetária do nosso orbe, que caminha para se tornar um Mundo de Regeneração. Seríamos nós a geração adulta encar-

1 A comunicação psicofônica de Bezerra de Menezes, por intermédio de Divaldo Franco, no 3º Congresso Espírita Brasileiro, em 2010, é clara a esse respeito. (http://federacaoespiritape.org/transicao-planetaria-por-bezerra-de-menezes/). Da mesma forma, são as anotações contidas no livro *Transição planetária*, psicografada pelo mesmo médium ao traduzir o pensamento de Philomeno de Miranda.

regada de recebê-la e orientá-la? Não sabemos a resposta, mas como educadores compromissados com Jesus, devemos acolher todos os espíritos, com os olhos voltados para o seu progresso. Nesse particular, estou certa de que grande empenho devemos ter no que tange à formação moral desses jovens e crianças que nos chegam.

Eles são atraídos, quase irresistivelmente para as tecnologias de informação e comunicação. A internet, com suas redes sociais - seja no celular, no computador ou outro meio - e os videogames exercem uma atração tão forte que a própria educação formal está sofrendo suas consequências. Educadores revelam encontrar grande dificuldade para fazer o aluno sair desse universo marcado pela velocidade e simultaneidade da informação, para levá-los a momentos de pausas e reflexão.

Quem trabalha como educador espírita também está percebendo essa dificuldade. Por isso, acho oportuno trazer esse tópico para discussão.

Ao longo dos últimos 35 anos, possivelmente motivados pelas Campanhas de Evangelização da Federação Espírita Brasileira (FEB), muitos centros espíritas implantaram o Departamento de Infância e Juventude, promovendo a educação voltada para crianças e jovens.

A própria FEB, durante todo esse tempo, tratou de capacitar e fornecer subsídios para esse trabalho, como faz até os dias atuais.

Reconheço e enalteço a importância dessas iniciativas, por ver que seus frutos estão por toda parte, no território brasileiro. Mesmo nos rincões mais carentes de recursos humanos qualificados para a tarefa educacional, há educadores espíritas que, munidos dos recursos disponibilizados pela FEB, conseguem dar conta da tarefa a que se propuseram. Há anos que equipes dedicadas a esse mister vêm desenvolvendo excelentes trabalhos, dando frutos de boa qualidade. Prova disso é que, onde quer que se vá, é possível encontrar espíritas formados por evangelizadores das primeiras levas, muitos deles assumindo, por sua vez, as tarefas da evangelização.[2]

Um trabalho tão valoroso e dignificante como esse não permite que nos acomodemos ante as mudanças que estão ocorrendo. Ao contrário, o bom-senso nos sugere que devemos nos aparelhar para andar *pari passu* com o progresso, como nos recomenda Allan Kardec.

Assim, antenados com o que se passa ao nosso redor e inspirados nas palavras do nobre codificador, decidimos , coletivamente, em 2011, implantar no Serviço de Evangelização da Família da nossa casa espírita uma metodologia de trabalho que busca adequar o ensino dos conteúdos espíritas-cristãos às características e demandas atuais das crianças e dos jovens. Estamos agora no início do terceiro ano de aplicação dessa proposta e, até o momento, as avaliações que temos sobre o trabalho apontam para o acerto da medida, razão pela qual decidimos compartilhá-lo com um público maior.

Um cenário desafiador

Em 2010, problemas familiares me levaram a buscar uma casa espírita mais próxima de nossa residência e foi assim que cheguei ao Centro Espírita localizado na Região Oceânica de Niterói. Instituição com pouco mais de quinze anos, localizada em um bairro de classe média, mas próximo a uma comunidade de baixa renda, oferece três horários de reunião pública, mantém sete de grupo de estudo, dois de evangelização infantojuvenil, além do serviço de assistência e promoção social. Semanalmente, é desenvolvido um

2 A propósito dos termos *evangelização* e *evangelizador espírita* é importante esclarecer a existência de regionalismos. Entre nós, no estado do Rio de Janeiro, ambos são empregados usualmente no lugar de *educação* e *educador espírita*. Ao longo desta nossa exposição esses termos serão usados indistintamente.

trabalho junto a pessoas da comunidade que são assistidas em algumas das suas necessidades básicas.

Contando com um grande número de crianças e jovens, a ação evangelizadora era desenvolvida por um grupo de, aproximadamente, dez evangelizadores sob a orientação de uma coordenadora.

A preocupação em oferecer aos filhos dos frequentadores e dos assistidos aulas de evangelização esteve presente desde os primeiros anos de funcionamento da instituição. Ainda hoje, a sua diretoria colegiada continua dando os suportes necessários para que o trabalho de educação infantojuvenil seja realizado.

Quando lá cheguei, em 2010, apesar de convidada para assumir funções junto ao Serviço de Evangelização da Família (SEF), por razões particulares prestei apenas uma assessoria eventual à coordenação. No entanto, sempre que possível estive presente nos quatro encontros que foram feitos com o grupo naquele ano, buscando uma melhor compreensão do seu funcionamento.

Foi somente no início de 2011 que assumi, de fato, o cargo de coordenadora do SEF, que inclui o trabalho de educação espírita junto à criança, ao jovem e aos pais.

Formar identidade grupal: tarefa premente

"Vocês são uma equipe?" A pergunta, feita para o grupo de evangelizadores que se reunia em um grande círculo no nosso primeiro contato, recebeu um sonoro "não", dito em uníssono, como resposta.

Isso se deu em março de 2010, logo na minha chegada ao Centro, quando fui convidada para colaborar com o seu Serviço de Evangelização da Família. De lá para cá muita coisa mudou. O grupo é basicamente o mesmo, mas a resposta há algum tempo é um "sim", dito de forma mais vigorosa do que fora dito aquele "não".

Hoje, posso dizer que me causou certa surpresa verificar o quão pouco tempo foi necessário para que se formasse uma forte identidade grupal entre aqueles evangelizadores. Mas esse curto tempo foi fruto de uma intencionalidade que começou ali mesmo. Voltei para casa naquele dia convicta de que formar o sentimento de pertencimento à equipe deveria ser a minha primeira tarefa.

Naquele primeiro contato - uma reunião especialmente promovida para nos apresentar aos novos companheiros - encontravam-se presentes três membros da diretoria, que me prestaram inúmeras informações acerca dos problemas que vinham enfrentando no setor da evangelização infantojuvenil. A casa havia passado por certa turbulência com drásticas modificações em seus quadros, o que acabou por afetar o trabalho do SEF. Dos quinze evangelizadores que contava em 2010, cerca da metade estava apenas iniciando o seu segundo ano de prática. Poucos eram os mais experientes.

Além disso, a instituição oferecia a evangelização em dois momentos: um às sextas-feiras, à noite, e outro aos sábados, à tarde. Esta, por circunstâncias alheias à vontade da direção, acabou sendo frequentada, basicamente, por filhos de assistidos pelo serviço social da casa. Como não havia encontros regulares englobando ambos os grupos, muitos sequer se conheciam.

Também o fato de se trabalhar em duplas concorria para isso, pois era comum, em encontros coletivos de avaliação e planejamento, haver a presença de apenas um dos membros. Agravando esta situação, havia duplas que, na verdade, não se afinavam. Quando o trabalho era planejado e desenvolvido por um dos evangelizadores, o outro atuava como um mero coadjuvante. A escolha do programa a ser dado era realizada no início do ano e, a partir daí, cada evangelizador fazia isoladamente seu próprio planejamento, consultando, caso necessitasse, a coordenadora.

É importante descrever minuciosamente esse quadro para mostrar pontos que impedem a formação do sentimento de identidade que deve unir os educadores espíritas e que podem estar presentes em outros grupos.

É possível acrescentar a essas, outras situações que sabemos existir pelo Brasil afora, fruto das circunstâncias nas quais se dá a tarefa pedagógica espírita junto ao público infantojuvenil. São, em geral, locais que carecem de pessoas para assumir o trabalho e que contam apenas com a boa vontade de alguns. Uma das estratégias adotadas, então, é promover rodízio entre os voluntários, o que resulta em ter, cada qual, apenas um ou dois contatos com a turma durante o mês.

Em outros grupos, apesar de haver trabalho em dupla de educadores, os horários individuais não permitem encontros, e assim, o trabalho é realizado de forma isolada. Não há contato entre eles. Quando muito, há uma troca de mensagens pela internet, e nada mais.

Esses são empecilhos reais que muitas vezes angustiam os valorosos trabalhadores do bem, ansiosos por uma solução. São dificuldades de ordem prática, clamando por solução.

Há, ainda, outro tipo de problema, mas de outra ordem: a própria concepção do que vem a ser esse trabalho. Uns creem que ele seja de responsabilidade dos benfeitores espirituais da casa e por isso atuam isoladamente, convictos de que a inspiração do Mais Alto chegará quando estiverem planejando os encontros.

Outros, ao contrário, afastam-se da abordagem mais espiritualizada para adotarem uma postura mais próxima das atividades escolares tradicionais. Enfatizam a tarefa pedagógica, mas se esquecem de que ela é feita em nome do Mestre Jesus e que, portanto, precisa ter um referencial próprio, todo especial.

Desnecessário dizer tratarem-se ambos de um grande equívoco. Quanto aos primeiros, os amigos espirituais nos ajudam, com certeza, mas esperam que façamos a nossa parte, preparando-nos adequadamente. O próprio Mestre Jesus não dispensou a colaboração dos apóstolos, como por exemplo, na multiplicação dos pães e peixes, pedindo-lhes que trouxessem o material a ser multiplicado.

Em relação aos segundos, é bom lembrar que a educação escolar e ação evangelizadora realizada no Centro Espírita têm objetivos finais completamente diferentes, apesar de ambos terem, no seu cerne, os processos de ensino-aprendizagem. Enquanto o foco de uma é a instrução do educando, o da outra é a evolução espiritual.

O imperativo da amorosidade

Agrupamento não é equipe. Esta pressupõe identidade entre os pares, sentimentos comuns e desejos mútuos de alcançar os objetivos traçados. Particularmente em relação aos educadores espíritas, é impossível realizar um bom trabalho sem estar pautado em sentimentos de amorosidade e identidade grupal, tendo-se em vista que se trabalha em nome de um ideal comum: o de levar aos corações das crianças e dos jovens o conhecimento e as vivências do Evangelho de Jesus, clareado pelas luzes da doutrina espírita. O Cristo é o nosso guia e estamos a serviço dos seus ideais. Como, então, estar sob sua orientação sem atender ao seu preceito básico: amai-vos uns aos outros? Como realizar um trabalho implantando a lei de amor nos corações alheios sem que este mesmo amor viceje no próprio coração? Como amar a quem não se conhece?

E mais: servir em nome de Jesus exige que se desenvolvam determinadas características que encontram sua melhor expressão no trabalho em equipe.

Sandra Borba, evangelizadora de longa data, no seu livro *Reflexões pedagógicas à luz do Evangelho* identifica inúmeras características do bom evangelizador espírita. Dentre elas, se destaca: "Criação de elos de amorosidade entre os irmãos que compartilham a tarefa, alimentando o espírito de equipe e de serviço aos ideais de Jesus."

Espírito de equipe nada mais é do que esse sentimento, aliado ao respeito e à confiança que nos envolvem e nos irmanam aos companheiros de tarefa, na tentativa de alcançar uma determinada meta que, no caso da evangelização espírita-cristã, é servir aos ideais do Mestre Jesus.

Amorosidade requer a criação de laços de afeto que surgem e se estreitam quando se trabalha junto. Exige convivência, compartilhamento. Não podemos perder de vista que no cerne do processo pedagógico da educação espírita infantojuvenil há o objetivo de evangelizar as almas que retornam ao cenário terrestre para nova jornada reparadora. Há aqui dois imperativos: que o próprio educador se autoevangelize e que busque a coerência entre o conhecer e ensinar e o viver exemplificando, ambos também citados pela referida evangelizadora (p. 130). Ora, a mensagem que se passa é transpassada de convites à vivência do amor e da fraternidade. Inconcebível, pois, a ideia de que se pode evangelizar como quem ensina uma matéria escolar qualquer. Daí se deduz que o espírito de equipe, que deve presidir o núcleo formado por evangelizadores, precisa ser fundamentado na amorosidade.

Há aqui um fato interessante: na medida em que companheiros diversos se aproximam para formar esse núcleo, o ato de compartilhar as tarefas vai criando laços afetivos. Estes, por sua vez, ajudam na busca pela superação dos obstáculos e aumenta a confiança recíproca. Quanto maior a confiança e a união existentes, mais harmônicos se apresentam. Tais sentimentos, por sua vez, vão dando aos participantes a alegria de pertencer àquele conjunto que agora não é mais um simples agrupamento, mas já se constituiu como equipe. Cada nova tarefa realizada em conjunto, cada novo obstáculo enfrentado e vencido no coletivo reforça o sentimento de pertencimento. Isto é espírito de equipe.

Como a tarefa tem uma parcela de contribuição espiritual, correntes de fluidos benéficos vêm se juntar a esses sentimentos, dando a todos a sensação de que caminham no rumo certo.

A conquista desse patamar afetivo é condição essencial para a adoção de um novo modelo de ação evangelizadora: aquele que se baseia no *trabalho colaborativo*. Ancorado no conceito de colaboração, esse tipo de trabalho é caracterizado pelo fato de haver uma equipe que atua em conjunto, um apoiando o outro, com vistas a atingir objetivos comuns, definidos pelo próprio grupo. As relações interpessoais tendem a ser não hierarquizadas; a liderança é compartilhada; os membros confiam uns nos outros e todos assumem a responsabilidade pela condução das ações.[3]

Apesar de ainda ser predominante nos centros espíritas o modelo centralizado na figura de um coordenador que determina isoladamente as ações a serem seguidas pela equipe, nota-se uma tendência para o compartilhamento das decisões e para a socialização dos saberes - primeiro passo na direção do trabalho colaborativo. São grupos que avançam não só *pela* aprendizagem, mas, principalmente, *na* aprendizagem. Isto está acontecendo entre aqueles que apostam na autonomia e acreditam na força do coletivo. São, em geral, grupos que caminham juntos há alguns anos, que já experimentaram diferentes tipos de abordagens, e que buscam, cada vez mais a autossuperação.

Esse fato nos leva à reflexão sobre a importância de se tentar manter pelo maior tempo possível a mesma equipe de trabalho no campo da evangelização, da mesma forma como se faz com outros setores da casa, como por exemplo, as equipes de trabalho mediúnico ou de estudos doutrinários.

Evitar o rodízio na equipe tem sido uma das minhas preocupações, o que tenho conseguido relativamente bem.

Nasce uma equipe valorosa

Mantendo dois terços do número de participantes que havia em 2010, a equipe de trabalho ganhou mais quatro membros novos (duas jovens oriundas da Juventude). Desde então ela é com-

---

3 Artigo de Gilvan Luiz Machado Costa intitulado "Mudanças da cultura docente em um contexto de trabalho colaborativo mediado pelas tecnologias de informação e comunicação".

posta por 18 participantes, aí incluídos dois companheiros que cuidam do lanche, um responsável pela biblioteca infantojuvenil e uma companheira que divide comigo a coordenação do grupo de pais (a diretora do Departamento Doutrinário). Ao todo são 13 os educadores que lidam diretamente com as crianças e jovens.

Na organização do trabalho buscamos formar duplas, de maneira a se ter um participante mais experiente auxiliando o aprendizado de outro, menos experiente. Isso acontece principalmente nas turmas da Infância.

Um forte elo de fraternidade une todos os integrantes, apesar de o trabalho ser desenvolvido em dois dias diferentes. Todas as semanas a equipe se reúne com a maioria dos seus membros para avaliar o trabalho e, periodicamente, são promovidos encontros externos, realizados na residência de algum participante. Além das atividades pedagógicas relativas à tarefa educacional propriamente dita, tais reuniões são valiosas oportunidades de congraçamento, apoio mútuo e demonstrações de afeto entre os presentes. São verdadeiros oásis de bênçãos, nos quais sentimos de perto a presença amiga dos benfeitores espirituais.

Outras oportunidades de convívio fraterno entre os membros da equipe são as duas comemorações que promovemos durante o ano: a Festa Junina e a de Natal. Repletos de alegria, nesses encontros também estão presentes os evangelizandos e seus familiares, bem como outros companheiros da Instituição. No ano de 2012 mais uma iniciativa veio se somar a esses eventos, permitindo o congraçamento, não só entre os frequentadores do nosso Centro, como também de outros: um Encontro de Mocidades, congregando outras quatro casas espíritas da região. Mesmo sendo especificamente voltado para a Juventude, a maioria dos evangelizadores da Infância esteve presente ajudando.

Reuniões públicas ou de estudo constituem também espaços para encontros fraternos entre os membros da equipe. Nelas é fácil perceber quem somos pela efusão de alegria e amizade que emanam dos nossos abraços.

Refletindo um pouco mais sobre a forma como nos transformamos em uma equipe amiga, reconheço mais um fator de agregação: o trabalho braçal coletivo. Sempre que a necessidade exige, estamos na instituição realizando as mais diferentes tarefas: pintando, limpando e organizando o espaço; fazendo preparativos para os eventos; trabalhando, enfim, em prol das nossas atividades pedagógicas e de outras que se façam necessárias. Quem já esteve lado a lado com outros companheiros, dividindo tarefas e trocando ideias, sabe o quanto um momento destes faz crescer a amizade e a confiança mútua. Nas horas do aperto, até mesmo os familiares entram na dança, ampliando, assim, os laços de fraternidade.

Nós consideramos a união da equipe tão importante para o êxito do trabalho que desejo trazer outros exemplos. Aliás, exemplificar com situações vividas na prática será a tônica deste livro.

Quero citar as inúmeras vezes em que um educador substituiu outro na tarefa, sem que fosse preciso nenhum tipo de intervenção da coordenação. Isto ocorreu, em geral, quando as atividades planejadas requeriam a presença de mais de um educador na sala, ou quando a dupla precisava se ausentar. A necessidade de ajuda era exposta durante a reunião de avaliação e, na mesma hora, alguém se propunha a ajudar espontaneamente.

Não foi diferente quando em alguma turma ia se desenvolver uma determinada atividade que exigia recursos especiais. Inúmeras vezes vimos as companheiras se prontificando para resolver um problema levantado, seja baixando um vídeo da internet, trazendo um objeto a ser apresentado, um livro, um CD de música ou coisas semelhantes. Todas estavam - e estão - atentas à necessidade da equipe e se apoiam mutuamente.

Outro aspecto interessante é a socialização dos próprios planejamentos elaborados, quando há possibilidade deles serem utilizados ou adaptados para outra turma. Um verdadeiro trabalho colaborativo.

Antes de prosseguir é preciso explicar que fazemos avaliações semanais, imediatamente após o término do encontro e do lanche. Elas ocorrem todos os sábados - dia de maior número de evangelizandos e evangelizadores. A equipe é unânime em afirmar que é a hora mais importante do trabalho. Ali reunida, inclusive com os companheiros da biblioteca e do lanche, cada um dos participantes relata como desenvolveu seu trabalho, sob o olhar atento dos demais. É uma hora de intensas trocas, ensejando a vivência do trabalho colaborativo. (Voltaremos a tratar deste assunto mais adiante).

UMA NOVA FORMA DE PENSAR A EVANGELIZAÇÃO

NESTE ALVORECER DE UMA NOVA ERA, as novas gerações que retornam ao cenário terrestre, rapidamente familiarizados com as novas tecnologias de informação e comunicação, estão nos forçando a encontrar métodos de ensino-aprendizagem mais condizentes com tais recursos. Além disso, elas se mostram muito mais propensas ao diálogo e à participação do que as gerações anteriores. Uma simples análise que façamos dos meios que o público infantojuvenil utiliza como forma de lazer - e porque não dizer, de aprendizagem - nos leva a concluir que existe um fosso a separá-los das atividades que rotineiramente desenvolvíamos em nossos encontros de educação espírita até bem pouco tempo. Basta que imaginemos a cena de um pai ou uma mãe tentando convencer a criança a abandonar o seu videogame, para ir a um desses encontros, para concluirmos que não é tarefa fácil. Costumamos brincar dizendo tratar-se de uma concorrência desleal.

Para fazer frente a esse desafio, precisamos criar novas formas de atrair esse público e mantê-lo interessado no que temos a oferecer em relação a sua formação espírita e à moral cristã. Considerando serem conteúdos de real valor para a vida desses jovens e crianças, todo o esforço de vencer esse desafio não será em vão. Afinal, se bem assimilados e vivenciados, poderão pavimentar o caminho das suas vidas, guiando-lhes os passos rumo à evolução espiritual.

Os valores conquistados seguirão com eles para sempre, aqui e no Além. E nunca é demais lembrar que, segundo nos afirmam os benfeitores espirituais, "Encarnando com o objetivo de se aperfeiçoar, o Espírito, durante a infância, é mais acessível às impressões que recebe e que podem auxiliar o seu adiantamento, para o qual devem contribuir os que estão encarregados de educá-lo." Kardec, LE questão 383.

De uma coisa precisamos estar convencidos: nossos conteúdos são extraordinários. Em nada se comparam aos oferecidos pelo sistema escolar, preocupado apenas com conhecimentos relacionados ao mundo material. Nós, ao contrário, tratamos do sentido da vida, falamos dos temas que nos transcendem, que nos mostram a razão das nossas dores e alegrias, apontam caminhos para a nossa evolução. Falam, principalmente, da imortalidade - assunto que por si só desperta o interesse do mais tecnológico dos meninos e jovens.

Refletindo sobre o programa, abrindo caminhos

Exatamente porque nossos conteúdos são muito bons, deveríamos aproveitar todas as oportunidades para torná-los bem atraentes, despertando o interesse dos evangelizandos.

O que acontece quando a programação é toda feita no início do ano ou mesmo do semestre? Se a sequência é previamente estabelecida, quem determina o que deverá ser dado a cada passo é o *programa,* com toda a sua rigidez.

Mas, se os assuntos tratados despertarem mais interesse do que o previsto? Se a turma quiser saber mais? Como agir?

Não ignoramos que essa é uma situação muito recorrente nos grupos de evangelização. Embora haja exceções, o que prevalece, em geral, é o cumprimento do programa.

Mas evangelização é vida. Deveríamos nos inspirar na forma como ensinamos aos nossos próprios filhos, em casa, e trabalhar de uma forma mais flexível. Quantas vezes, um comentário nosso sobre tema espírita não suscita uma série de perguntas por parte da criança ou do jovem? Quantas vezes são eles mesmos que nos procuram para esclarecer este ou aquele ponto? E o que dizer dos filmes de cunho espírita - hoje tão acessíveis - que veem e depois querem comentar? São situações em que o conteúdo espírita flui naturalmente, satisfazendo sua curiosidade.

Sem medo de ousar, levei para a Instituição uma proposta de educação espírita mais próxima da vida, um modelo diferente do que havia até então.

Sabemos, contudo, o quanto é difícil quebrar paradigmas e vencer resistências. A esse respeito há uma contribuição teórica interessante que poderia nos ajudar a entender melhor essa dificuldade. Trata-se da teoria das *representações sociais*[4], que procuraremos expor de uma forma bastante simplificada.

Para começar, pensemos na ideia de *programa*, tal como os educadores espíritas a vêm concebendo há anos. Vejamos como foi que essa ideia veio parar na nossa mente.

A primeira coisa que precisamos saber é que se trata de uma *representação social*.

Por definição, *representação social* é uma forma de conhecimento socialmente elaborado e compartilhado, tendo um objetivo prático. Ela concorre para a construção de uma realidade comum a um determinado grupo social. Nela estão presentes, tanto o aspecto individual, como o social. O primeiro, por se tratar de uma construção mental feita por uma determinada pessoa. O segun-

---

4 Para maior aprofundamento indicamos o livro *Representações sociais: Investigações em Psicologia Social*, de Serge Moscovici e *As Representações sociais*, de Denise Jodelet.

do, pelo fato dessa *construção* ser compartilhada por indivíduos do mesmo grupo (estamos aqui falando de evangelizadores). Uma vez constituída, aquilo que é o objeto da representação social vai perdendo o seu papel de *representação* para se tornar a própria *realidade*. E como é compartilhada por inúmeras pessoas, toma ares de verdade. "Todos pensam assim." É a frase que melhor traduz esse conceito. Nós usamos as representações sociais com muita frequência porque elas facilitam a comunicação. Eu falo e o outro, que compartilha comigo da mesma representação, me compreende sem que eu tenha que me explicar muito.

A ideia de programa é, pois, uma representação social cuja construção começou, provavelmente, quando começamos a tarefa no DIJ. Lá, há um programa para cada grupo etário. Todos o seguem porque foram trazidos por coordenadores bem preparados por órgãos dirigentes. É natural que assim seja. Então, individualmente também assimilamos aquela ideia que nasceu do consenso do grupo. Uma ideia socialmente compartilhada e aceita. Uma representação social.

Traduzindo para a teoria das representações sociais, podemos dizer que as orientações emanadas dos órgãos dirigentes, via coordenadores, passaram a ser, para os evangelizadores, a *realidade*. Diante dela, eles construíram mentalmente e a seu modo, o que conseguiram captar, transformando-a em *verdade*.

Trata-se, porém, de uma construção parcial, uma vez que a realidade não se deixa apanhar de uma forma global, está em constante transformação. Assim, muito mais do que um recorte, o que resulta é uma redução da realidade. Ou seja, aquilo que não é compreendido, as incongruências, os aspectos mais profundos e complexos da realidade, tudo vai ficando de fora, e o que resta é uma realidade socialmente construída na mente de cada um. *É uma representação social da realidade*. É interessante notar que até mesmo nas orientações da FEB existem diretrizes para que o currículo e os programas sejam adaptados às circunstâncias locais. Mesmo assim, a ideia de um programa fechado predomina em muitas mentes.

Essa teoria também nos explica por que é tão difícil quebrar paradigmas vigentes. Nossa mente trabalha buscando sempre os caminhos mais fáceis. A representação social é uma rota alternativa que favorece essa busca. Ela já está ali, pronta para ser utilizada sem precisar pensar muito. Então, nós nos habituamos a seguir esses atalhos.

Toda representação social tem um núcleo em torno do qual circulam elementos periféricos. Esse núcleo é forte, por que é cômodo usar a representação da realidade sem ter o trabalho de, a cada momento, analisá-la. Por isso ele é tão resistente à mudança. Os elementos periféricos são, na verdade, as ideias que nós utilizamos para justificar qualquer tentativa de mudança.

Vejamos um exemplo. No ano de 1902, o Rio de Janeiro viveu dias difíceis, com a epidemia de febre amarela que vitimou mais de 58 mil pessoas. No ano seguinte, Osvaldo Cruz assumiu o cargo de diretor-geral de Saúde Pública, com a difícil tarefa de erradicá-la. O rigoroso programa de combate à moléstia que ele iniciou incluía o isolamento dos doentes, a vacinação obrigatória e as campanhas para eliminar os focos de mosquito. A campanha sofreu cerrada oposição de parte dos positivistas, de políticos e de vários jornais cariocas. Todos os dias eram publicados editoriais que o atacavam.

Também eram frequentes as caricaturas que o ridicularizavam, mostrando-o à frente de uma brigada de "mata-mosquitos". Era tido como um inimigo do povo, que invadia o direito do cidadão, obrigando-o a se submeter a práticas indesejáveis, como a de se vacinar e manter-se isolado, quando infectado pelo vírus da febre amarela. Essa era uma representação social compartilhada por milhares de cariocas. Todos os esforços dos sanitaristas, para modificá-la, mostraram-se inúteis. A representação mantinha-se inalterada.

Apesar de tudo, ele se manteve firme, levando adiante o seu programa. E assim, graças às medidas que tomou, registraram-se apenas 39 casos de febre amarela no Rio de Janeiro em 1906; quatro casos em 1907; e nenhum caso em 1908.

E o que aconteceu com a representação social que o retratava como inimigo do povo? Diante das novas evidências, até mesmo os seus mais ferrenhos acusadores não tiveram mais como atacá-lo. Ao contrário, reconheceram o seu valor. Os elementos periféricos foram vencidos e aí, então, o núcleo central que mantinha a representação social ruiu, dando origem a uma outra representação. A mudança foi brusca, mas total. Osvaldo Cruz passou a ser visto como um benfeitor do povo.

É assim que funcionam as representações sociais. Resistem ao máximo à mudança e essas só acontecem de forma total, e não paulatina.

Voltando, então, à questão do programa, vemos que, por se tratar de uma representação social, tem todas as características que acabamos de descrever. Então, como mudá-la? Segundo essa teoria, somente modificando drasticamente o seu núcleo.

Foi o que fizemos na nossa prática. Partimos drasticamente para uma nova leitura do programa quando eu passei a coordenar o Serviço de Evangelização da Família na nossa casa espírita.

Os eixos temáticos: uma bússola norteadora

Coerente com essa linha de raciocínio, decidimos substituir o programa nos moldes tradicionais por uma abordagem baseada em *eixos temáticos*, forma por nós adotada até o presente momento. Esses eixos foram escolhidos com base na experiência anterior que, tanto eu, quanto a maioria dos membros da equipe detinha no trato com os currículos da FEB. Nele estão contemplados os ensinamentos espíritas e a moral evangélica. Escolhemos três grandes eixos:

1º. A reencarnação e suas leis
2º. As relações entre os dois mundos
3º. Evolução espiritual (moral cristã)

A esses acrescentamos um quarto: Consciência ecológica.

Enquanto os três primeiros têm carga horária aproximadamente equivalente, o mesmo não acontece com o da consciência ecológica, que, além de ter uma carga horária menor, pode permear todos os outros sempre que há oportunidade. Os três primeiros, dependendo dos conteúdos tratados, se interpenetram e se complementam.

A ideia que norteia essa opção metodológica é oferecer liberdade de escolha para o educador, que pode começar a desenvolver os seus encontros a partir de qualquer um dos três eixos principais.

Ofereci, no primeiro momento, sugestões de assuntos que poderiam ser tratados em cada eixo, deixando claro que cada evangelizador poderia acrescentar outros, desde que fossem pertinentes. Esse gesto objetivou apenas dar um impulso inicial. Havia enfatizado que a base dos conteúdos deveria ser a própria doutrina espírita, viabilizada pelo Pentateuco.

Ficaram assim os eixos temáticos com as minhas sugestões, logo acrescidas de outras dadas pelas próprias educadoras:

Eixo 1: Reencarnação e suas leis	De onde viemos e para onde vamos. Finalidade das múltiplas reencarnações. Vidas passadas: por que não lembramos? Casos em que há lembranças. Nossas circunstâncias atuais: físicas, socioeconômicas, morais, espirituais. Laços de família. Lei de causa e efeito. Pluralidade das existências, perda de entes queridos, sentimentos de simpatia/antipatia, reencarnação e progresso espiritual.
Eixo 2: Relação entre os dois mundos	A vida no mundo espiritual. Corpo/perispírito e espírito. Importância dos bons pensamentos, influência dos espíritos em nossas vidas, sentimentos ruins (vaidade, egoísmo, orgulho). As sintonias: causas e processos. Boas e más sintonias. Proteção espiritual e obsessão. Papel dos pais. Importância da psicosfera familiar. Consequências das sintonias.
Eixo 3: Evolução espiritual	O sentido da vida. O homem de bem. Os valores que ajudam na evolução espiritual. Jesus, vida, modelo e guia, vida em sociedade, valores humanos, cultivo dos bons sentimentos.
Eixo 4: Consciência ecológica	Os perigos que rondam o planeta. Preservação ambiental. Mudanças comportamentais visando a preservação do planeta. Voltaremos à Terra. Atitudes ecológicas a nosso alcance. Consumismo/materialismo/desperdício/sustentabilidade do planeta; amor às plantas e aos animais. Os 3Rs. Reciclar, reduzir e reaproveitar.

Igualmente expliquei que os itens sugeridos poderiam ser trabalhados durante aquele ano, ou não; e que a troca dos temas poderia ocorrer de ano em ano, ou não. Tudo iria depender da nossa avaliação.

Esses eixos são sugeridos pela coordenação e definidos por toda a equipe, em conjunto.

Outro aspecto metodológico importante foi o *atendimento aos interesses dos aprendizes*. Significa dizer que, na prática, um assunto poderia ser introduzido e não ter continuidade quando o educador percebesse que o mesmo não havia despertado o interesse da turma. É bom lembrar que isso pode ocorrer, em geral, por dois motivos: os educandos já detêm o conhecimento que está sendo apresentado ou esse está muito aquém do entendimento da maioria. Na prática no nosso grupo espírita, essa última situação ocorreu somente uma vez em dois anos.

Não foi necessário muito tempo para que essa metodologia mostrasse bons resultados. Inúmeros assuntos foram tratados seguindo o fluxo do interesse da turma, como exemplificaremos mais adiante.

Um terceiro aspecto de extrema relevância nessa metodologia

consistiu em introduzir a ideia de que em todos os encontros deveria haver a preocupação de se ultrapassar a área da mera *cognição*.

Quantas vezes já vimos situações em que crianças que acabaram de ouvir lições de moral cristã, exortando o respeito ou o amor ao próximo, mal ultrapassam a porta da sala de aula, já estão aos tapas com colegas? Que aprendem que somos todos filhos de um mesmo Pai e que transpiram preconceito? Que sabem tudo sobre solidariedade, mas que não dividem nada com ninguém? São pessoas que apenas sabem. No entanto o seu saber não chega aos sentimentos, e nem às relações pessoais.

Por isso, insisti na ideia de que não bastava que o evangelizando soubesse intelectualmente o que estava sendo apresentado. Era preciso avançar para duas outras áreas: a do *sentimento* e a da *interação* com os pares.

Objetivando facilitar ainda mais o trabalho e permitir que pudesse ser realizada sua supervisão, criei uma planilha[5] na qual, a cada encontro, o evangelizador deveria completar indicando o assunto tratado, o eixo, ou eixos a que esse pertencia e as áreas trabalhadas.

Data	Tema do encontro		Área		
	Eixo		cognição	sentimento	interação

5 A planilha contém todos os dias dos encontros ao longo do ano e o educador a vai preenchendo, semanalmente, marcando o número do eixo ou dos eixos atingidos em cada dia, o assunto dado e, com um X, as áreas atingidas. O quadro apresentado serve apenas para dar uma ideia de como ela foi elaborada.

A liberdade de decidir

Esperar unanimidade do grupo em relação a novas propostas não é de praxe. Ao contrário, a acomodação ao conhecido e a recusa à mudança são reações esperadas nessas situações. Convém introduzir a mudança com cuidado, deixando claro em que ponto ela inova o modelo anterior; quais as vantagens que apresenta; e o que se pode esperar da sua adoção.

Foi como procedi em relação a esse trabalho com os eixos temáticos. A oportunidade de apresentá-lo ao grupo surgiu quando, no início de 2011, promovi reuniões de capacitação e planejamento com os participantes. Trouxe exemplos, simulei situações e procurei dar todos os esclarecimentos em relação ao novo modelo, de sorte que, ao começarmos, não houvesse nenhum tipo de reação negativa. As evangelizadoras compreenderam as ideias básicas, ficando um ou outro acerto para serem ajustados no decorrer da execução. Como eu havia dado sugestões de temas em cada um dos eixos - temas conhecidos de todas - foi fácil escolher um para começar. Também ficou claro, para o grupo, que não havia nenhum tipo de ordenamento sequencial entre eles, o que permitia que se voltasse a cada um deles quantas vezes fossem necessárias.

Apenas a questão das áreas não se mostrou completamente entendida desde o começo, o que, de certa forma, foi bom: os encontros, normalmente abarcavam as três áreas e havia a ideia errônea de que apenas uma deveria sobressair a cada semana. Em pouco tempo os planejamentos começaram a ser elaborados corretamente.

Quero ressaltar o fato de que a ideia de liberdade para traçar o caminho da apresentação dos conteúdos mostrou-se pertinente já nas primeiras semanas. A prova disto foi um episódio acontecido com a turma do 3º ciclo da infância. Como o grupo se mostrasse muito desnivelado em relação ao conhecimento espírita (apesar de nivelado por idade), as evangelizadoras acharam por bem desenvolver uma espécie de jogo do "falso ou verdadeiro" com a turma. Capricharam na apresentação, feita em PowerPoint, usando projeção digital. Ao final do encontro, chegaram à conclusão de que havia temas básicos que precisariam ser dados, uma vez que muitos os ignoravam. Quem determinou o tempo gasto e a profundidade dos mesmos foi a própria turma, isto é, a forma como ela foi assimilando aqueles conteúdos.

Fato curioso foi perceber que a turma do 2º ciclo, ao responder a esse mesmo jogo, mostrou um desempenho melhor do que o dos evangelizandos do 3º. Análises posteriores mostraram que esse grupo era formado por crianças que já estavam conosco há mais tempo do que as do outro grupo, apesar desse ser constituído de evangelizandos mais velhos.

Com exceção de turmas nas quais os integrantes já vêm juntos e com o mesmo educador, é recomendável que se faça um diagnóstico no início do ano de tal forma que, conhecendo-se a bagagem que já trazem, seja possível suprir eventuais lacunas - como no caso exemplificado - e traçar diretrizes seguras do estabelecimento do que precisa ser revisto ou, ao contrário, do que se pode avançar. Um planejamento elaborado antes do contato com a turma e sem que se realize algum tipo de sondagem dos conteúdos que os educandos já dominam pode cair em dois extremos: repetição do que o evangelizando já conhece, causando-lhe enfado e desinteresse, ou avanços por conteúdos cujas bases lhe são desconhecidas, dificultando ou mesmo inviabilizando a aprendizagem.

A FLEXIBILIDADE DO PROGRAMA

COMO CONCILIAR PLANEJAMENTO com flexibilidade?

Existem mais duas facetas dessa questão que desejo explorar, além das que já vínhamos apresentando. Uma diz respeito à interação com o educando; outra, com a programação que decorre do interesse despertado, ao mesmo tempo em que o atende. Abordarei ambas trazendo exemplos da nossa prática com essa nova metodologia.

A primeira diz respeito à abertura que devemos dar aos educandos, acatando, sempre que possível, suas sugestões. A segunda, à liberdade em relação ao fluxo do programa, isto é, à flexibilidade.

Vamos à primeira. A turma de 2º ciclo da infância vinha em uma sequência de três encontros nos quais o tema girava em torno da prece e da proteção espiritual. Considerando que, para o nível em que se encontrava, era suficiente o que fora trabalhado, as evangelizadoras já haviam preparado um novo tema para a próxima aula quando, durante o encontro, uma menina associa o que estava sendo tratado com uma história que havia lido em um de seus livros, nomeando-a. Ela mesma sugere que no próximo encontro essa história seja apresentada. A sugestão foi acatada e na semana seguinte a turma, além de aprender sobre o tópico em pauta, percebeu também a importância da leitura. A menina se sentiu valorizada e a turma aprendeu que ali é um espaço em que todos podem colaborar trazendo ideias.

Um assunto puxa outro

Em relação à questão da flexibilidade, poderia citar inúmeros exemplos. O que escolhi se passou naquela turma de 3º ciclo na qual havíamos percebido lacunas no ano anterior. Durante um ano e meio, temas como reencarnação, desprendimento do espírito durante o sono, desencarnação, entre outros, haviam sido trabalhados com a turma. Apesar de serem assuntos tratados por Allan Kardec e constarem nas obras básicas, a turma ainda não tivera encontros sistematizados que remontassem às origens de tal conhecimento. Entendíamos que estava na hora de se realizar esse processo. O objetivo era levar os educandos a compreender como aqueles conhecimentos das realidades espirituais, que eles já haviam estudado, tiveram origem. Queríamos chegar a Kardec e ao Pentateuco.

Estava dando essa orientação na nossa reunião de avaliação quando as companheiras do 2º ciclo perceberam que aqueles encontros caíram como uma luva para os seus meninos. A partir daí, os quatro encontros seguintes foram realizados com as duas turmas reunidas. Essa é mais uma possibilidade que a liberdade do programa oferece.

O primeiro passo foi a elaboração de um encontro com o objetivo de apresentar os fenômenos passados com as irmãs Fox, em Hydesville.

Como acreditamos no valor da aprendizagem feita a partir do vivido e observado, foi proposta inicialmente à turma uma brincadeira que consistia em conversar utilizando um código. Foi providenciado um cartaz contendo as letras do alfabeto e seu correspondente numérico.

A	B	C	D	E	...	V	X	Z
1	2	3	4	5	...	21	22	23

Foi explicado que todos poderiam conversar com os colegas, batendo na mesa com um objeto (no caso, um toquinho de madeira) seguindo o código do cartaz: cada letra com o número de batidas correspondente. Nesse processo cada um teve oportunidade de se submeter à experiência individualmente.

Durante meia hora todos os jovenzinhos puderam fazer suas tentativas de conversa. Riram muito porque, em meio a tanta contagem, acabavam se perdendo e, então, era preciso recomeçar tudo outra vez. Por fim, acharam que conversar desse jeito era muito difícil e lento. (Nunca é demais lembrar que eles estão vivendo o momento da comunicação instantânea).

Nesse ponto, as evangelizadoras suspenderam a brincadeira e passaram um vídeo contendo um resumo da história das irmãs Fox. A receptividade não poderia ter sido melhor. Com que interesse foi visto pela turma. Ali tudo fazia sentido. Afinal, não era aquilo semelhante à brincadeira que estavam fazendo?

Na sequência, o encontro seguinte avançou um pouco mais nessa temática, seguindo com o mesmo modelo pedagógico. Diante dos comentários da turma sobre a dificuldade na comunicação com o código numerado, as evangelizadoras sugeriram outra brincadeira. Apresentaram, então, um círculo de papel contendo, próximo às suas margens, as letras do alfabeto e um objeto pequeno, em formato de uma cestinha de bico, confeccionado a partir de uma caixinha de papelão. No centro havia a indicação de um SIM e um NÃO.

Recordando a dificuldade que eles haviam sentido no encontro anterior, associando-as com o que se passou com as irmãs Fox e sem acrescentar mais nada, as evangelizadoras levaram a turma a estabelecer diálogos usando, ao invés de pancadas, aquele novo sistema, no qual se apontavam as letras com o auxílio da cestinha, o mesmo valendo para o SIM e o NÃO.

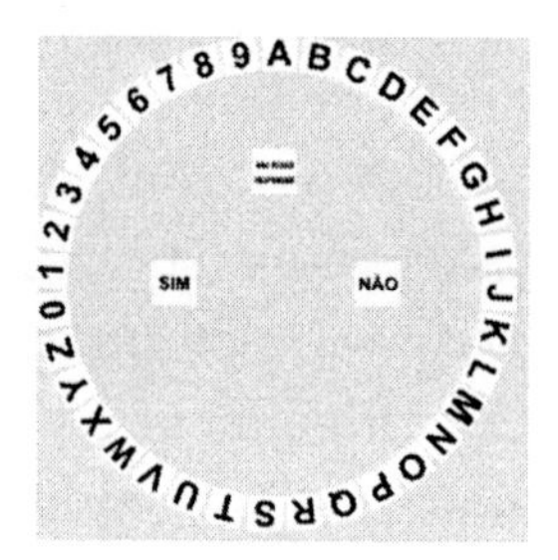

A exemplo do que ocorrera no encontro anterior, um clima de descontração se formou e todos puderam experimentar o novo sistema de comunicação. Curiosos, ao verem o projetor montado, os meninos começaram a indagar se haveria algum vídeo sobre o assunto. Ou seja, eles já estavam preparados para o que viria a seguir: um vídeo em que eram retomados os fenômenos de Hydesville, avançava até as mesas girantes e as comunicações mediúnicas usando o modelo que eles acabavam de conhecer, e introduzia, de forma categórica, a figura de Kardec. Os comentários se sucederam propiciando muitas perguntas. Dessas, somente as que diziam respeito às comunicações foram respondidas, deixando em suspenso as relacionadas ao codificador.

É claro que o encontro seguinte foi todo a seu respeito. Nesse ponto, inverteu-se a ordem. No primeiro momento foi passado um trecho do filme *O Espiritismo de Kardec aos dias atuais*, no qual é explicitada a forma como o codificador chegou à elaboração de *O Livro dos Espíritos* e dos demais que vieram a seguir. Depois, a turma foi levada a construir um painel com as fotos das capas das outras quatro obras que compõem o Pentateuco Espírita. Um tempo foi, então, destinado para explicar essa obra, o seu conteúdo e a maneira como cada uma das suas partes deu origem aos livros subsequentes, indo constituir o Pentateuco. À medida que as evangelizadoras abordavam o tema, folheando *O Livro dos Espíritos*, iam também apresentando exemplares relativos às demais obras.

Na sequência, o encontro seguinte foi, para a turma, uma grande brincadeira.

Ela foi dividida em grupos, ficando todos os participantes com um exemplar de cada uma das cinco obras da codificação. A tarefa consistia em apresentar, aleatoriamente aos grupos, textos com passagens existentes em cada uma dessas obras e pedir aos evangelizandos que identificassem em que livro elas se encontravam. Para facilitar, uma vez que, de cada livro havia cinco passagens, foram dadas dicas. A ideia não era dificultar a tarefa, mas sim permitir que todos se familiarizassem com o manuseio daquelas obras, despertando em cada um o desejo de saber mais.

Na frente de cada passagem, deveria ser anotado o nome do livro no qual eles a localizaram. Depois de terminada a tarefa, todas essas anotações deveriam ser coladas no mural.

Vejamos algumas dessas passagens, lembrando que eram 25, no total, e que estavam todas embaralhadas, sem conter, evidentemente, o nome da obra:

1. ***O Evangelho segundo o Espiritismo***
- Bem-aventurados os que têm puro o coração, porquanto verão a Deus. (Mateus, cap. V, 8);
- Bem-aventurados os que são brandos e pacíficos, porque possuirão a Terra. (Mateus, cap. V, 4);

2. ***O Céu e o Inferno***
- Trabalhos, fadigas, sacrifícios, nada o impedia de ser útil,... (Espíritos felizes);
- O bem e o mal que fazemos decorrem das qualidades que possuímos. Não fazer o bem é, portanto, o resultado da nossa imperfeição. (As penas futuras segundo o espiritismo);

3. ***A Gênese***

- Pesca milagrosa: Jesus não produziu espontaneamente peixes onde não havia; Ele viu com a vista da alma, como podia fazê-lo um lúcido vigil, o lugar onde se achavam os peixes e disse com segurança aos pescadores que lançassem aí suas redes. (Os milagres do evangelho);
- Cego de Betsaida: É evidente o efeito magnético: a cura não foi instantânea, porém gradual e prolongada. Por efeito de ótica, os objetos lhe pareciam de tamanho exagerado. (Os milagres do evangelho);

4. ***O Livro dos Médiuns***

- Médiuns curadores: os que têm o poder de curar ou de aliviar os males pela imposição das mãos ou pela prece. (Quadro sinótico das espécies de médiuns);
- Médiuns escreventes ou psicógrafos: os que têm a faculdade de escrever por si mesmos, sob influência dos espíritos. (Variedade de médiuns escreventes);

5. ***O Livro dos Espíritos***

- Que definição se pode dar dos espíritos? Pode dizer-se que os espíritos são os seres inteligentes da criação. (Q. 76);
- Como se pode distinguir o bem do mal? O bem é tudo o que é conforme a lei de Deus; o mal, tudo o que lhe é contrário. (Q. 630).

O resultado foi extraordinário.

Nesse ponto, o entusiasmo da garotada já havia contagiado as evangelizadoras, que passaram a ansiar por novos encontros igualmente motivadores. Decidiram, então, continuar alargando o conhecimento sobre os fenômenos mediúnicos. Escolheram abordar dois tipos de mediunidade: a psicografia e a psicofonia.

Foi, então, planejada uma atividade a ser desenvolvida em duplas. Sem que se desse nenhum tipo de informação, foi proposto que um evangelizando ficasse sentado, de olhos fechados, tendo à sua frente lápis e papel em branco, enquanto outro se postava por trás dele, de pé, segurando na mão esquerda uma quadrinha psicografada por Chico Xavier (de Casimiro Cunha, Cornélio Pires, Meimei e outros espíritos). A um sinal da evangelizadora, o que estava atrás segurava a mão do que estava sentado à frente e passava a escrever a quadrinha. Todas as duplas puderam passar pela experiência. Antes mesmo do término, alguns dos participantes já arriscavam um palpite: "Já sei. Isso é psico..., psico...". Imediatamente Regina, uma das evangelizadoras, completou: "isto mesmo: é psicografia". A partir daí deu todas as explicações necessárias, passando a apresentar livros psicografados para que eles descobrissem o autor espiritual e o nome do médium que o psicografara. Desnecessário dizer o quanto gostaram da atividade.

Ensejando dar continuidade ao assunto, planejamos junto às quatro evangelizadoras outro encontro conjunto. Trouxemos o caso de Alexandre, contido no livro *Presença jovem*[6]. Tratava-se de um jovem de 13 anos que havia desencarnado vítima de um acidente doméstico e, poucos meses depois, psicografara cartas aos pais por intermédio do médium Júlio Cezar Grandi Ribeiro. Na verdade, o seu acidente foi um resgate. Em uma vida anterior ele vivera na França e havia, de alguma forma, se envolvido com execuções por meio da guilhotina. Na presente encarnação, Alexandre, brincando com um irmão, cai sobre uma porta de vidro que, ao quebrar, cria uma espécie de lâmina que corta o seu pescoço. Sua desencarnação se dá nessa circunstância.

6 Trata-se do livro *Presença jovem*. Pode ser obtido através do site: http://iakcec.wordpress.com/ ou do telefone: (27) 3239-2987

Nesse livro, há comunicações de doze espíritos que desencarnaram ainda jovens. Nele, o médium teve o cuidado de levantar nomes e situações que somente os comunicantes conheciam, comprovando, assim, a veracidade das mensagens. Além disso, assinalou todas as passagens que continham ensinamentos espíritas, cotejando-os com as obras kardequianas. Era, de fato, uma excelente obra para os objetivos que havíamos traçado: ampliar o conceito de psicografia, e reforçar o conhecimento sobre a lei de causa e efeito.

Para tornar o encontro mais atraente, preparamos uma apresentação da mensagem com uma foto de Alexandre, em PowerPoint. E, sugerimos, como forma de conduzir o processo de aprendizagem, perguntas que deveriam ser respondidas pela turma.

Pensávamos que tudo ia bem até que, no momento do planejamento, Sueli, evangelizadora do 2º ciclo, levantou uma dúvida. Achou que o caso poderia causar consternação ao seu grupo. Afinal, era constituído de crianças de 10 e 11 anos. Depois de analisarmos a questão, nós e as demais educadoras concordamos em que o estudo se adequava à faixa etária da turma.

Estávamos, no entanto, enganadas. Havia na sala um menino de 11 anos, filho único, retraído, que ficou muito impressionado com a história. Foi preciso que suas evangelizadoras sentassem ao seu lado, acalmando-o, minimizando os pontos mais críticos da história, para que ele voltasse ao normal.

Posteriormente, na avaliação, o caso foi discutido e a lição reaprendida: é necessário adequar o conteúdo ao nível da turma.

O estudo da mediunidade nessa turma se deteve nesse ponto.

Turma motivada, entusiasmo crescente

A turma do 3º ciclo continuou estudando a mediunidade, em especial, a psicofonia. Sugeri, para a semana seguinte, a apresentação de um vídeo no qual Divaldo Franco incorporava, ao final de uma palestra, o espírito Bezerra de Menezes.[7] Ali a mediunidade psicofônica poderia ser apreciada de um modo extraordinário.

Eles sempre gostam quando se traz vídeo, o que acontece com bastante frequência. Desta forma, aquele encontro já começou despertando o interesse da turma. O vídeo escolhido durava oito minutos, sendo os dois primeiros ocupados pela fala eloquente de Divaldo. A partir desse ponto começava a manifestação mediúnica que ia até o final.

"Olha, ele está falando diferente agora!", dizia um. "É mesmo. Está parecendo um velho", dizia outro. "Nossa, está completamente mudado", afirmava um terceiro. Foi prendendo o fôlego que eles chegaram ao final da apresentação. "O que era aquilo?" - perguntavam.

Como sabemos, uma boa imagem vale mais do que milhares de palavras. O terreno estava preparado para se falar em psicofonia. Cada explicação se encaixava perfeitamente no que fora visto. Perguntas surgiram daquelas mentes curiosas e o assunto girou não somente em torno da mediunidade de Divaldo Franco, como também, *en passant*, da figura do Dr. Bezerra de Menezes.

A semeadura fora feita e, embora não constasse de nenhum planejamento anterior, o passo seguinte foi preparar um encontro versando sobre a vida do venerável mentor.[8]

Com muita criatividade, as educadoras prepararam três esquetes baseados em passagens muito conhecidas da vida do Dr.

---

7 Acessado em 30/10/2012 em: https://www.youtube.com/watch?v=bJHLSD56WTY

8 Como complemento, nesse encontro cada um dos participantes preparou sabonetes decorados para doar a um colega. Depois de finalizados, eles foram colocados em uma sacola e cada um retirou o seu presente, sem ver. A ideia era a de doar sem saber a quem. A técnica foi efetivamente realizada, sem problemas.

Bezerra. Apresentamos a seguir esse material, contendo, ainda, a orientação que deveria ser seguida.

Procedimento: Começar simulando que os evangelizandos são médicos que vivem com grandes dificuldades financeiras e que a cena se passa por volta de 1850/1860. Dividir a turma em três equipes e dar um caso para cada uma, solicitando que apresente uma solução para o problema, através de uma dramatização.

Caso 1: Em atendimento em seu consultório, uma cliente diz não poder comprar o remédio indicado para o filho, por não ter dinheiro nem para comer. Como você faria, sem ter dinheiro, para ajudar?

Caso 2: Um cliente aflito o procura, por saber que você é justo e bom. Está sem emprego, seus filhos e esposa passam fome e têm febre, assim como ele. De que forma você, sem dinheiro, o ajudaria?

Caso 3: Uma mãe aflita, bate à porta pedindo-lhe para socorrer sua filha que está muito doente. Você acaba de chegar do consultório cansado. Você atenderia ao pedido, sabendo que também sua filha está doente?

Novamente, a atividade começou sem nenhuma explicação sobre o tema do encontro. Ao apresentar os esquetes para serem dramatizados, as evangelizadoras reforçaram a informação de que se tratava de casos em que o personagem principal era um médico de condição financeira muito difícil, mas de uma generosidade admirável, e que naquela época não existiam os recursos de hoje. Acrescentaram que nos três casos havia perguntas, cabendo a cada grupo respondê-las com base nos próprios sentimentos.

Apresentam-se, então, os três grupos. Deixamos aqui o relato de Regina, uma das evangelizadoras:

> Apresentados os casos, eles disseram que só orando ou aplicando passes. Na verdade, não sabiam responder. A partir daí, contei com ênfase, representando mesmo (para chamar atenção pois estavam inquietos), como o Dr. Bezerra fez. Falei um pouco de sua vida e a dificuldade que teve para concluir seu curso de medicina, como tratava pobres, ricos e miseráveis do mesmo

modo. (O que é miserável? - pergunta um jovem, - É mendigo?). Ficaram admirados! Mas, fizeram uma afirmação que precisa ser observada: "Como um homem tendo lutado tanto para se formar médico, não ganhou dinheiro, viveu dessa maneira?" A maioria verbalizou que não queria uma vida assim.

Que decepção! A nova geração já não atribuía o mesmo valor àquilo que nos encantava no passado.

Entender para aceitar

Somos de uma geração que aprendeu a amar o Médico dos Pobres exatamente pelo seu desprendimento das coisas materiais, por seu exemplo de amor ao próximo e confiança no poder de Deus.

Guiados pelos valores materiais, os jovenzinhos da turma de Regina e Livia ainda não conseguiam perceber que somos espíritos que renascemos para progredir moralmente e que os valores materiais, por si só, não são capazes de impulsionar a nossa ascensão.

Com que angústia as evangelizadoras relataram esses fatos na nossa sessão de avaliação. E agora? O que fazer? Senti que era necessário um trabalho de choque para reverter a situação e tirar as companheiras do desânimo que sobre elas se abatera. E, mais do que isso, fazer com que os jovens mudassem suas opiniões acerca da dedicação ao próximo. Para isso, achei que nada seria melhor do que presenteá-los com certa passagem do livro *O semeador de estrelas*, de Suely Caldas Schubert, no qual está registrada uma conversa que Divaldo Franco, em desdobramento, tivera com o espírito Bezerra de Menezes, reproduzida a seguir.

> Um dia, perguntei ao Dr. Bezerra de Menezes, qual foi a sua maior felicidade quando chegou ao plano espiritual.

Ele respondeu-me:
- A minha maior felicidade, meu filho, foi quando Celina, a mensageira de Maria Santíssima, se aproximou do leito em que eu ainda estava dormindo, e, tocando-me, falou, suavemente:
- Bezerra, acorde, Bezerra!
Abri os olhos e vi-a, bela e radiosa.
- Minha filha, é você, Celina?!
- Sim, sou eu, meu amigo. A Mãe de Jesus pediu-me que lhe dissesse que você já se encontra na Vida Maior, havendo atravessado a porta da imortalidade. Agora, Bezerra, desperte feliz.
Chegaram os meus familiares, os companheiros queridos das hostes espíritas que me vinham saudar.
Mas, eu ouvia um murmúrio, que me parecia vir de fora.
Então, Celina, me disse:
- Venha ver, Bezerra.
Ajudando-me a erguer-me do leito, amparou-me até uma sacada, e eu vi, meu filho, uma multidão que me acenava, com ternura e lágrimas nos olhos.
- Quem são, Celina? - perguntei-lhe ? - não conheço ninguém. Quem são?
- São aqueles a quem você consolou, sem nunca perguntar-lhes o nome. São aqueles espíritos atormentados, que chegaram às sessões mediúnicas e a sua palavra caiu sobre eles como um bálsamo numa ferida em chaga viva; são os esquecidos da Terra, os destroçados do mundo, a quem você estimulou e guiou.
São eles, que o vêm saudar no pórtico da eternidade...
E concluiu:
- A felicidade sem limites existe, meu filho, como decorrência do bem que fazemos, das lágrimas que enxugamos, das palavras que semeamos no caminho, para atapetar a senda que um dia percorreremos. (p. 191/192).

Contam Regina e Livia que naquele dia, como em nenhum outro até então, sentiram um sopro de luz penetrando no coração de cada um dos seus evangelizandos. A leitura, feita com gravidade e emoção, tocara a todos e elas puderam sentir que começava a brotar na mente e nos corações dos seus jovens o respeito e a admiração por Dr. Bezerra de Menezes.

Não posso deixar de registrar um episódio que presenciei, quase furtivamente, no Encontro de Mocidades ocorrido cerca de um mês depois desses acontecimentos. Entre os jovens, os mais novinhos eram os da turma de Regina e Livia. Próximo ao encerramento, ao ser apresentada a mensagem final, foi projetada uma mensagem do Dr. Bezerra. E, num gesto espontâneo, Júlia, uma jovem daquela turma, leva as pontas dos dedos aos lábios e envia um largo beijo para o querido Mentor, assim que reconhece a sua foto ao final da mensagem. Naquela hora, senti que as sementes lançadas estavam frutificando e rendemos graças a Deus.

Nesse longo exemplo se evidencia a forma como tratamos a flexibilidade. No planejamento havia a previsão de se tratar dos primórdios do espiritismo até chegar à figura de Kardec. Aquela sequência aprofundando os conteúdos sobre mediunidade surgiu naturalmente, frente ao interesse despertado pelo assunto anterior. Na verdade, foi-se impondo quando a turma percebeu que, tanto nas pancadas quanto na cesta de bico, a presença de um espírito comandava a ação. Alguns demonstraram ter medo do fenômeno. Todos queriam saber como esse espírito atuava e se fazia algum mal. Aqueles dois encontros sobre psicografia e psicofonia puderam esclarecê-los a esse respeito.

O caso ocorrido posteriormente, quando a turma não reconheceu o grande amor do Dr. Bezerra pelo próximo, nem o valor da renúncia e da doação, foi absolutamente inesperado. Era imperioso que se planejasse aquele encontro relatando a sua volta ao plano espiritual. Foi ali, naquele instante, que a turma cresceu. Naquela hora, seus espíritos foram tocados e eles puderam reconhecer a grandeza de uma alma dedicada ao bem. Imaginemos se estivéssemos trabalhando com uma programação fechada. Provavelmente, nada disso teria acontecido.

Classificação: fácil para quem?

Terminada essa apresentação que enfoca a flexibilidade do programa, pode ter restado na mente do leitor uma dúvida a qual me apresso em esclarecer: por que não apresentamos à turma uma classificação completa dos tipos de mediunidade?

É visível entre os educadores espíritas o gosto pelas classificações. Eis aí um conteúdo que atrai pela facilidade que apresenta a quem prepara uma aula. No entanto, visto pelo ângulo do aprendiz, é algo que corre o risco de não ser completamente assimilado. Vimos, nessa sequência de encontros, a forma como foram tratados alguns tipos de mediunidade. Tudo fluiu através de vivências, o que facilitou a aprendizagem. Introduzimos o assunto buscando suas origens e, em seguida, exploramos apenas os tipos de mediunidade que consideramos os mais comuns. Para o momento, havíamos entendido que isso era o bastante. Evitamos, de propósito, apresentar qualquer tipo de classificação, como usualmente se faz.

Ao estudioso da doutrina espírita não escapa a observação de que o codificador foi extremamente didático nos seus apontamentos. Procurava partir sempre dos conceitos mais simples para os mais complexos, ilustrar com exemplos, fazer comparações, resumir, ele próprio, alguns esclarecimentos dados pelos espíritos benfeitores, fazendo, em vários momentos, uso de classificações. A escala espírita; as diferentes concepções filosóficas acerca do destino do homem; os tipos de mediunidade são algumas delas.

A respeito dessa última modalidade de recursos - as classificações -, sabemos que no caso de Kardec elas foram fruto de uma elaboração mental sua; de suas conclusões acerca dos fatos ou fenômenos observados. Classificou para organizar o pensamento de quem iria ler os seus livros. Mas nenhuma das suas classificações se limitou a fazer uma apresentação pura e simples. Ao contrário, prosseguiu sempre examinando, um a um, os itens que as compunham.

Do ponto de vista da aprendizagem, há alguns aspectos nessa questão que desejo aprofundar.

Começar uma aprendizagem por uma classificação pode comprometer a compreensão real do que está sendo ensinado. Em geral, apela-se mais para a visualização, seguida de memorização do que para uma assimilação verdadeira do conteúdo. E quanto maior o número de itens da classificação, mais difícil vai se tornando a aprendizagem.

Mesmo que os tipos sejam descritos com muita clareza, é, geralmente, muita informação para ser assimilada de uma só vez.

Por isso, preferimos trabalhar um tipo de cada vez, concentrando a atenção naqueles mais usuais. Podemos garantir que na turma de Regina e Livia os jovens sabem perfeitamente o que vem a ser psicografia, psicofonia, da mesma forma como conseguem discorrer sobre as irmãs Fox, as mesas girantes e as primeiras manifestações mediúnicas observadas por Kardec. Uma aprendizagem que se vivencia dificilmente será esquecida. Já uma lista contendo classificações...

O QUE HÁ POR TRÁS DAS OPÇÕES METODOLÓGICAS

Minha experiência como membro da equipe do DIJ da federativa fluminense (o CEERJ, antiga USEERJ) me levou a percorrer, no início da década de 2000, o Estado do Rio em atividades de capacitação para educadores da Infância e da Juventude. Sem nenhum lastro com esse tipo de trabalho, não me arriscava a fazer nenhuma proposta diferente do que se fazia. No entanto, me angustiava ao verificar que a maior demanda era sempre em torno de recursos metodológicos. Não havia programação que não tivesse na pauta contação de história, trabalho com sucata, com origami... Programação desse gênero eram recorrentes. Igualmente eram muito frequentes os pedidos para se ensinar a fazer planos de aula.[9]

Nesse meio tempo eu havia lançado dois livros acadêmicos, ambos frutos de pesquisas em salas de aula, enfocando o processo de ensino-aprendizagem. Nessas pesquisas utilizava dois referenciais teóricos que, a meu ver, são valiosos instrumentos a favorecer o sucesso na aprendizagem[10]. Estou falando da Epistemologia Genética, de Jean Piaget, popularizada com o nome de *Construtivismo* e da

---

9 Não há nada de errado nisto. O que gostaria de enfatizar é a necessidade de se saber qual o papel que esses recursos desempenham na aprendizagem.

10 O primeiro foi *O desafio de saber ensinar* (1994) e o segundo *Aplicações de Vygotsky à Educação Matemática* (1997), ambos da Papirus Editora, hoje na 16ª edição e 11ª edição, respectivamente.

Teoria Histórico-cultural do Desenvolvimento, também conhecida como *Teoria Sociointeracionista* que tem em Lev Vygotsky seu expoente máximo.

Animada com a repercussão dos livros, comecei a convencer os companheiros de equipe do CEERJ que por detrás de qualquer metodologia de ensino há uma teoria de aprendizagem. E mais: procurei mostrar-lhes que o trabalho que fazíamos atendia apenas a interesses imediatos, pois acabava por gerar novas demandas. Depois de aprendida e utilizada uma técnica, o evangelizador continuava sem saber como proceder para continuar desenvolvendo, a contento, o seu trabalho. Faltavam-lhe os suportes teóricos que lhe permitisse caminhar com maior autonomia e segurança.

A tarefa foi mais fácil do que imaginei. Em pouco tempo já estávamos incorporando aos cursos de extensão ministrados pelo CEERJ, oficinas sobre o processo de aprendizagem com base naqueles dois teóricos, ao lado das de cunho mais metodológico.

Ainda hoje preocupo-me em despertar nos educadores espíritas, seja em que nível atuem, a ideia de que precisamos saber como o ser humano aprende.

No caso da experiência na evangelização da nossa casa, não foi diferente. No início do ano, quando nos reunimos para traçar as linhas gerais do planejamento, assim como no decorrer do ano, durante as avaliações semanais, volto a esse tópico. Hoje toda a equipe já compreendeu que o que determina a escolha metodológica é a teoria de aprendizagem que lhe dá suporte.

Metodologia é fruto de teoria

Sabemos que grandes parcelas de educadores espíritas não têm formação pedagógica. Assim sendo, ignoram que toda metodologia advém de uma forma de conceber a aprendizagem. Muitos pensam que basta boa vontade, um pouco de inspiração e outro tanto de talento para bem desempenhar a ação pedagógica, o que não é verdade[11].

Pensando em contribuir no aclaramento desse assunto, dedicarei este e os próximos capítulos ao aprofundamento dessa questão.

Comecemos com um exemplo. Procure recordar algumas informações que você sabe de cor desde a infância. Responda rapidamente: Quem descobriu o Brasil? Em que dia e que ano ele foi descoberto? Quem escreveu a Primeira Carta? Temos certeza que as respostas estão na ponta da língua, isso porque fomos treinados para decorá-las.

Há uma teoria de aprendizagem surgida nos Estados Unidos e que foi muito difundida na década de 1970 que sustenta que aprendemos formando conexões simples entre estímulo e resposta. Ou seja, decorando. Como a base da teoria era a mudança de comportamento e, em inglês, comportamento é *behavior,* ela passou a ser conhecida como Teoria Behaviorista. Ainda hoje há pessoas que a adotam, apesar das inúmeras críticas que recebeu pelo fato de apelar para a memorização no lugar da compreensão.

Temos notícia de que, por falta de orientação pedagógica, ainda há educadores espíritas que valorizam o "saber de cor", em detrimento do saber construído ou fundamentado na compreensão. Mas se o objetivo do estudo da doutrina espírita é a transformação moral da pessoa, uma memorização que não resulte em internalização de valores e consequente mudança de comportamento não cumpre essa finalidade.

Compreender o que se lê é tão importante que o próprio Kardec, na Introdução de *O Evangelho segundo o Espiritismo* assinalou, com muita propriedade, o seguinte:

---

11 A este respeito, recomendamos a leitura dos livros *Saberes necessários à tarefa da evangelização infantojuvenil*, de Sandra Borba e Claudia Lemos e *Pelos caminhos da evangelização*, de Cecília Rocha.

> Toda a gente admira a moral evangélica; todos lhe proclamam a sublimidade e a necessidade; muitos, porém, assim se pronunciam por fé, confiados no que ouviram dizer, ou firmados em certas máximas que se tornaram proverbiais. Poucos, no entanto, a conhecem a fundo e menos ainda são os que *a compreendem* e lhe *sabem deduzir as consequências*. A razão está, principalmente, na dificuldade que apresenta o entendimento do Evangelho que, para o maior número dos seus leitores, é ininteligível. A forma alegórica e o intencional misticismo da linguagem fazem que a maioria o leia por desencargo de consciência e por dever, como leem as preces, sem as entender, isto é, sem proveito. Passam-lhes despercebidos os preceitos morais, disseminados aqui e ali, intercalados na massa das narrativas. Impossível, então, apanhar-se-lhes o conjunto e tomá-los para objeto de leitura e meditações especiais. (Grifos nossos).

Ou seja, compreender é fundamental.

Isso me faz lembrar um encontro que tive com evangelizadores, em uma cidade do interior. Era final de ano. Como gosto de estimular o relato de experiências, pudemos ouvir de uma das educadoras presentes um caso que nos encantou: seus jovens preparam com afinco um Auto de Natal. O resultado ficou tão bom que acabaram sendo convidados para se apresentarem em praça pública, em um evento promovido por uma igreja católica local. Segundo as palavras da educadora, houve uma perfeita integração com os demais participantes e a apresentação foi magnífica.

Mais adiante, tomando a palavra, essa mesma participante, dirigindo-se diretamente a mim, revela estar angustiada pois, naquela semana, havia tido uma gincana congregando jovens das casas espíritas da cidade e os seus jovens tinham tido um péssimo desempenho. Ao me responder sobre o teor da gincana, informa que constava de perguntas sobre datas, nomes, eventos etc., ligados à história do espiritismo. Voltando-me para o público, pedi que comparasse as duas situações e respondesse em qual das duas os propósitos da evangelização fora alcançado? Bastou a interferência de alguns participantes para convencê-la da riqueza do seu trabalho e do pouco valor que deveria atribuir ao resultado da gincana.

Para chegarem ao resultado da apresentação em público aqueles jovens aprenderam a respeitar o próximo, a ter responsabilidade, a ter persistência, a aceitar as diferenças, a perseverar, e outros tantos valores exigidos pelos ensaios e pelo espetáculo. A gincana, no entanto, exigia apenas que se decorasse uma série de informações que não agregaria outro valor que não fosse a determinação em memorizá-las.

A criança como construtora do próprio saber

Um grande opositor a essa forma de conceber a aprendizagem foi Jean Piaget (1896-1980), um pensador suíço que, embora biólogo por formação, passou a se interessar pela maneira como o ser humano aprende a partir da observação do comportamento dos seus filhos pequenos e, posteriormente, das pesquisas que ele próprio conduziu. Nas suas observações ele constatou que o desenvolvimento infantil se dá em estágios distintos, que ocorrem à medida que a criança vai amadurecendo suas funções sensoriais, motoras e mentais. Essa constatação é considerada preciosa para quem ensina, pois fornece uma orientação sobre as características da criança em cada fase.

Outra contribuição de Piaget foi o esclarecimento de como se processa a aprendizagem. Para ele, ao estabelecer contato com o mundo a sua volta, a criança vai assimilando as informações em forma de esquemas mentais. Esses mesmos esquemas serão, por sua vez, utilizados, toda vez que se apresentar uma situação desafiadora.

Se tal mecanismo funciona, ela permanece utilizando os esquemas, mas se deixa de funcionar, ela vai procurar substituí-lo por outro mais eficiente, coordenando os esquemas mentais de que já dispõe. Tudo isso, no entanto, depende do seu grau de amadurecimento.

Como tenho muita simpatia pelos exemplos, vejamos um deles. Imaginemos que um bebê de três meses esteja chorando, com fome. Desde o início do segundo mês sua mãe passara a alimentá-lo utilizando uma pequena mamadeira, uma chuquinha. Em todas as mamadas ela o pega no colo, aconchegando-o. Nesse dia, ao iniciar esse procedimento, a mãe ouve o telefone tocar, levanta-se para atendê-lo, deixando antes a mamadeira bem próxima ao rostinho do bebê. Quando retorna do atendimento, que cena ela encontra? Será que o bebezinho estará segurando a mamadeirinha e mamando? Ou será que continuará chorando?

Quem foi mãe sabe exatamente qual é a resposta: a criança, apesar de estar tão próxima à mamadeira, não a pegará, com certeza. Não nessa idade. No entanto, se essa cena se passar quando ela estiver com nove meses, a resposta correta será a outra.

O que se passou entre o terceiro e o nono mês? Piaget diria: o desenvolvimento mental se deu e ela passou a coordenar os diferentes esquemas de que já dispunha. Sim, pois aos três meses, após ter sido amamentada por mais de cinquenta dias com a mamadeirinha, o bebê já detinha uma série de esquemas mentais, além dos reflexos com que nasceu, como por exemplo, o de preensão, que lhe permitia segurar pequenos objetos. Reconhecia, certamente, a mamadeira pelo formato e pelo cheiro; provavelmente já tinha condicionado o ato de sugar o leite e o alívio da fome; reconhecia na mãe a figura que sempre vinha em seu socorro diante dos seus desconfortos etc. Apesar de possuir todos esses esquemas mentais, não conseguia coordená-los entre si.

Da conjugação do amadurecimento motor, sensorial e mental com as tentativas de utilização dos diferentes esquemas que já dispunha, resultou o ato de pegar a mamadeira e levá-la à boca, sugar o leite, satisfazendo, assim, as suas necessidades. Ela própria construiu um caminho para chegar a esse resultado.

Transferida para a situação de aprendizagem formal, a Teoria do Desenvolvimento de Piaget ainda hoje serve de norte, sobretudo para quem lida com crianças, pois explica como elas aprendem. A ênfase é na *construção* do saber pelo próprio aprendiz.

Tal teoria conduz a uma metodologia específica. Respeitando-se os estágios do desenvolvimento, oferece-se à criança estímulos para que ela própria vá construindo sua aprendizagem.

Cada qual no seu estágio, os diferentes compassos

Paola e Gabriela, outras duas evangelizadoras que atuam na nossa equipe, com base no construtivismo, organizam encontros bem interessantes com a turma de Jardim II (em 2011 a idade variava entre cinco e seis anos e em 2012, entre seis e sete anos). São tantos os exemplos das atividades que desenvolveram com a turma que se torna difícil selecionar um. Valores como paciência, respeito ao próximo, solidariedade etc., foram ensinados através de atividades práticas. Assim, por exemplo, as crianças aprenderam paciência fazendo pulseirinhas com contas minúsculas, que requeriam concentração, cuidado e habilidade, coisas que a maioria não tinha. Resultado: trabalho refeito inúmeras vezes. Foi preciso muita paciência para poder levar, finalmente, para casa, uma pulseirinha no braço. E assim foi feito com os demais valores.

Ainda sob a ótica construtivista, temos outro exemplo sugestivo.

Durante os dois últimos anos, sempre que houve oportunidade, fizemos trabalhos coletivos, alguns envolvendo até mesmo os pais e avós. Em vários deles o alvo foi o exercício da solidariedade, um valor que precisa ser ensinado desde os primeiros anos de vida. Foi assim, por exemplo, quando produzimos os enfeites e fizemos preparativos para as nossas festividades ou quando selecionamos e reparamos brinquedos usados, para serem doados. A propósito, foi muito bom ver avós ensinando a outras mães como trançar os cabelos das bonecas, ou ver pais consertando carrinhos e compartilhando informações, numa manhã em que as diferenças sociais se anularam.

Apesar disto, percebíamos que determinadas crianças não gostavam de dividir ou compartilhar nada. Precisávamos incentivar um pouco mais a solidariedade. Decidimos, então, fazer uma atividade conjunta com essa finalidade.

Desde o ano anterior um grupo de jovens, incentivados por Vilma (a evangelizadora do 3° ciclo da Juventude) visitava uma instituição de idosos. Mensalmente, eles vão abraçar os irmãos que lá estão, muitos dos quais completamente carentes do convívio familiar. Nesses encontros, levam não só bens materiais, mas principalmente atenção, alegria e carinho. Às vezes algumas crianças também os acompanham.

Escolhemos fazer o trabalho em um dia em que os jovens iriam, à tarde, fazer a visita. O planejamento seguiria o modelo de linha de produção. O resultado final seria a confecção de um saquinho de biscoitos que os jovens levariam para os idosos.

Os que já sabiam escrever (1° ciclo) começariam preparando pequenos cartões para serem anexados aos saquinhos. Depois, junto com a turma do Jardim II, fariam um trabalho coordenado: enquanto uns preparavam biscoitinhos, passando geleia e juntando-os, dois a dois, outros os ensacavam. Nesse mesmo tempo, os menores (Jardim I) fariam pequenas borboletas ou laços de papel crepom que, depois de presos em fitinhas, iriam enfeitar os saquinhos, juntamente com os cartões.

Todos sabiam a finalidade do que estavam produzindo. Não era a primeira vez que faziam presentes para serem doados. Mesmo assim, tratando-se de guloseima, pensamos que seria conveniente preparar um número maior de saquinhos para que cada um pudesse, ao final, saborear os biscoitos.

Alguns deles vieram quebrados e, naturalmente, foram separados pelas próprias crianças que trabalharam completamente concentradas. Além do número estipulado para ser levado, foram feitos alguns saquinhos a mais. Quando terminaram, nenhuma delas manifestou o desejo de pegá-los para si. Quem quis alguma coisa, se contentou com os biscoitos quebrados. Exultamos com esse resultado que nos mostrava que eles estavam aprendendo, de fato, a ser solidários.

Vemos nesse exemplo diferentes níveis de um mesmo conceito. Cada grupo etário, à sua maneira, o estava construindo.

Os pequeninos, do Jardim I, estão apenas começando o processo. Por serem ainda tão egocêntricos, provavelmente comeriam os biscoitos ao invés de prepará-los para doação. No entanto, foram capazes de vivenciar a alegria de confeccionar os enfeites. As turmas intermediárias, particularmente a turma de Paola e Gabriela, nos surpreenderam ao demonstrar que a ideia central do conceito já estava presente nas suas estruturas mentais, pois que se exteriorizava nas suas atitudes de desprendimento.

E para comprovar que esse processo de construção de conceito vai em um crescendo, agora mesmo, quando escrevo este capítulo, leio no Facebook, uma mensagem deixada no Grupo da Mocidade da nossa casa espírita. Foi postada por Maria Eduarda, a nossa Duda, que além de ser evangelizanda de Vilma é também a evangelizadora da turma do 2º ciclo da Infância. Diz ela:

> ***Queridinhas e Queridinhos! Como estão as férias? Passei aqui para lembrá-los de que a tarefa continua! Esse sábado (12/1) temos a visita ao Lar Esperança! Encontro 13h30min, no Centro. Seria maravilhoso começar o ano distribuindo amor e alegria para aqueles que precisam. Beijos, Duda***

É notável perceber o quanto o conceito de solidariedade está completamente internalizado na sua mente e se manifesta nos seus atos.

Segurança teórico-metodológica

Apesar de achar relevante a contribuição teórica do construtivismo, entendo que a sua aplicação é mais valiosa para explicar questões ligadas aos estágios do desenvolvimento infantil. Contudo, quando se trata de entender, em profundidade, os mecanismos e os fatores presentes no processo de ensino-aprendizagem eu prefiro outro suporte teórico: o sócio-histórico, também chamado histórico-cultural. É nele que me baseio para conduzir qualquer um dos meus trabalhos envolvendo ensino-aprendizagem na casa espírita. Da mesma forma, é a partir das suas orientações teóricas que organizo e desenvolvo oficinas, seminários e encontros de educadores espíritas. A experiência aqui relatada, como não podia deixar de ser, traz também a marca dessa corrente psicológica.

A respeito do ensino do espiritismo, Kardec afirmou que "deve ser claro e sem equívocos, de sorte que ninguém possa alegar ignorância e todos possam julgá-lo e apreciá-lo com razão." (LE, Q. 627). Mas como ensinar com clareza e precisão quando não se conhece os recursos didáticos para tal? E mais, como atuar eficazmente em uma área cujos fundamentos desconhecemos?

Encontramos as respostas em uma mensagem muito conhecida por educadores espíritas, registrada por Divaldo Franco sob a inspiração de Joanna de Ângelis[12]:

> Não obstante, a pessoa que deseje desempenhar a tarefa de evangelização espírita infantojuvenil deve possuir conhecimento da doutrina espírita e boa moral como embasamento para a tarefa que pretende. Como necessidade igualmente primordial, deve ter conhecimentos de pedagogia, psicologia infantil, metodologia sem deixar à margem o alimento do amor, indispensável em todo cometimento de valorização do homem.

Ora, se a ciência psicológica já avançou a ponto de fornecer fundamentos comprovados que ajudam a ensinar melhor e assim, alcançar resultados mais positivos, por que ignorá-los?

Convencida de que o trabalho dos educadores espíritas pode ser enriquecido com contribuições teóricas como as aqui referidas, estou trazendo, com uma profundidade maior do que a habitualmente encontrada em livros voltados para esse público, os principais fundamentos da Teoria Histórico-cultural do Desenvolvimento.

---

12 A citação se encontra na página 9 da Separata do Reformador, FEB: *A evangelização espírita da infância e da juventude na opinião dos espíritos*. Outubro de 1986. Pode ser encontrada no portal da FEB: www.febnet.org.br.

Mas, antes disso, não resisto em contar uma conversa que tive com uma evangelizadora que muito admiramos. Engenheira por formação, atua na evangelização espírita infantojuvenil há muitos anos. É hoje a coordenadora do DIJ da sua instituição, e ainda colabora no Movimento Espírita de Volta Redonda, lugar onde mora. Sua presença assídua em encontros de capacitação acabou por chamar a minha atenção. Passamos a nos contatar e a trocar material.

Recentemente lhe enviei um texto que escrevi pensando nos evangelizadores que não têm formação pedagógica. Nele, dei explicações sobre os principais aspectos dessa teoria. Não se passou muito tempo e recebi um telefonema seu. Com entusiasmo, dizia-me que pudera compreender a teoria porque eu tivera o cuidado de permeá-la com exemplos. Fiquei feliz. Meu objetivo alcançara o alvo.

"[...] quem se dedica ao ensino da doutrina espírita às crianças e aos jovens precisa estar sempre atualizado em relação a métodos e processos de ensino, sem falar na necessidade do conhecimento doutrinário e da conduta condizente com a incumbência que lhe está afeta", afirmava Cecília Rocha.

TEORIA HISTÓRICO-CULTURAL: REFERÊNCIA CONSAGRADA

NAS ÚLTIMAS DÉCADAS firmou-se nos meios acadêmicos a Teoria Histórico-cultural do Desenvolvimento como uma das que melhor explica a origem das funções mentais superiores do ser humano. Principalmente para as pessoas que lidam com o processo ensino--aprendizagem, tornou-se um suporte seguro. Eu mesma já a apliquei em uma pesquisa em sala de aula e os resultados - expressos no bom desempenho dos alunos - foram muito positivos[13].

Alguns conceitos básicos

Essa teoria surge na antiga Rússia, na década de 1920, com Lev Vygotsky (1896-1934) e seus colaboradores. Nascido no final do século XIX , no mesmo ano em que Jean Piaget, Vygotsky teve uma trajetória completamente diferente da percorrida pelo pesquisador suíço ao longo de 84 anos. Viveu apenas 38 anos, mas trouxe uma grande contribuição para a psicologia da educação.

Vale lembrar que, apesar de os psicólogos daquela época não negarem a existência da consciência, não a consideravam objeto de estudo da psicologia. No entanto, para Vygotsky, essa deveria ser

13 O relato dessa pesquisa, financiada pelo CNPq, deu origem ao livro *Aplicações de Vygotsky à Educação Matemática.*

estudada com a mesma atitude objetiva e exatidão científica com que se estudavam os comportamentos dos indivíduos. Por outro lado, recusava-se a se pautar pela matriz behaviorista, na medida em que essa reduzia os fenômenos às suas partes mais simples, deixando de lado toda a riqueza dos de ordem superior. Para ele, mais importante do que descrever os fenômenos, era tentar explicar sua origem. Isso implicava admitir a necessidade de se estudar as formas mais complexas de consciência. Essa, no seu entender era *social, cultural e historicamente determinada*. Nessa ideia estava contido o cerne da sua proposta para explicar a construção da mente humana.

Como espíritas sabemos que nossa determinação tem ainda um outro componente de enorme relevância: nossas existências passadas. Vygotsky, todavia, devido a sua formação materialista, não a considerava, o que é de se lamentar. Com um olhar mais dilatado, talvez pudesse ter ampliado o seu campo de pesquisa e oferecido uma contribuição ainda mais valiosa para essa área de estudo.

Apesar disto, destaco aqui um curioso ponto de convergência entre as concepções desse pesquisador e a doutrina espírita: o papel atribuído ao trabalho no desenvolvimento da inteligência humana. Os espíritos revelaram a Kardec *que o trabalho se impõe ao homem por ser uma consequência da sua natureza corpórea, sendo um meio de aperfeiçoamento da sua inteligência; e (que) sem ele o homem permaneceria sempre na infância.* (Q. 676). Vygotsky afirma praticamente o mesmo, reconhecendo que as funções mentais superiores do homem só se desenvolveram mediante o uso de ferramentas e do trabalho.

Julgo que, a despeito da sua matriz materialista, vale a pena nortear o ensino nas nossas instituições espíritas pela Teoria Histórico-cultural, desde que não percamos de vista os conhecimentos doutrinários que nos dão uma visão mais ampla da vida (particularmente da ideia de existências sucessivas). E digo isso por uma única razão: seus fundamentos funcionam quando aplicados à prática.

Diferenças no olhar

O que significa dizer que a consciência é *social, cultural e historicamente determinada?*

Talvez um exemplo nos esclareça a respeito.

Sou de origem libanesa e ainda tenho parentes que nunca saíram do Líbano. Em uma viagem que para lá tive a oportunidade de fazer, pude trocar ideias com alguns primos acerca dos costumes locais, e com um deles, em especial, sobre educação. Era professor de História, do ensino médio.

Como se sabe, aquele país congrega, em termos religiosos, dois grandes grupos: muçulmanos e cristãos ortodoxos (como a nossa família).

Durante toda a viagem tinha ouvido referências pouco lisonjeiras ao grupo islâmico por parte da nossa guia turística, uma libanesa cristã, radicada no Brasil há mais de 20 anos. Sempre que podia deixava escapar um comentário depreciativo a seu respeito. Aprendera, ainda criança, a ver esse grupo como inimigo; não se esquecera de que na guerra de 15 anos, terminada há menos de oito anos, muçulmanos e cristãos estavam em lados opostos.

Sem nenhum ponto de ancoragem, tudo o que aprendi sobre esse grupo religioso foi a partir dessa guia. Sem o perceber, já o via com olhos preconceituosos.

Então, ouvindo o primo falar acerca dos seus alunos, quis saber qual a religião que professavam. Quando me respondeu que entre eles havia adeptos das duas religiões, eu indaguei: "E como é que você consegue conviver com os muçulmanos?", ao que ele respondeu, meio bravo, com um olhar de reprovação: "São todos libaneses, cidadãos desse país. Nossa preocupação, depois de 15 anos de guerra, é reconstruir nossa nação."

Quanta diferença na nossa maneira de olhar! Ele havia acabado de passar pela experiência de uma longa guerra, vira seu país ser destroçado e aprendera a lição da tolerância religiosa em nome de um valor maior: a reconstrução da sua pátria. E eu, nascida no Brasil, vivia uma realidade completamente distinta do ponto de vista histórico, cultural e social. Ignorante quanto às questões internas, mormente as religiosas, do Líbano, me deixei levar pelos preconceitos da nossa guia.

Com esse exemplo desejei demonstrar o quanto somos sócio, histórica e culturalmente constituídos.

Em um agrupamento de educadores pode haver pessoas com *backgrounds* muito diferentes, determinando o seu olhar sobre a vida, os seus valores e até mesmo a sua forma de aprender. Isso é válido não só para os adultos, como também para as crianças e os jovens. Por isso, recomendo sempre, que se proceda a um diagnóstico no início do trabalho com educandos desconhecidos; que se procure conhecer as condições de vida da família, suas crenças e valores. E mais: que se introduza qualquer assunto novo com base nessas informações, contextualizando-o. Além de fornecer um ponto de ancoragem para as novas ideias, essa é também uma maneira de evitar mal-entendidos: as mesmas palavras podem ter significados diferentes, dependendo do meio onde se vive.

É igualmente o motivo pelo qual comecei este livro alertando para as drásticas mudanças que estão ocorrendo com o nosso público-alvo. Isso nos faz lembrar que somos todos seres datados. Cada um de nós traz as marcas do seu tempo, como as da sua cultura. A nova geração traz o selo da pós-modernidade.

Conforme afirmado anteriormente, a Teoria Histórico-cultural fornece suportes muito consistentes a quem ensina, como: suas explicações sobre o papel da interação social na aprendizagem, a maneira como formamos os conceitos, a necessidade de compreensão na aprendizagem, a relação existente entre consciência e memória e a importância da contextualização - o que acabo de expor -, dentre outros.

Como todos esses temas deram suporte à ação pedagógica na nossa Instituição, neste capítulo, e nos que se seguem, abordarei cada um deles, entremeando-os com exemplos retirados da prática.

Interação social e aprendizagem

O leitor deve estar lembrado que em nossa proposta de evangelização infantojuvenil trabalhamos em três áreas e uma delas é a interação (as outras são cognição e sentimento).

Fazer com que os educandos interajam entre si é uma das nossas preocupações primordiais porque, com base na Teoria Histórico-cultural, toda aprendizagem começa em um processo externo, envolvendo quem aprende e quem ensina. Essa interação pode se dar, também, com um livro, com a internet ou com outros recursos audiovisuais.

A ideia central de Vygotsky e que fundamenta toda a sua teoria[14] é a de que "*na interação social e por intermédio do uso dos diferentes tipos de linguagem é que o ser humano desenvolve suas funções mentais superiores*", que aprende. Isso vale tanto para a aprendizagem da linguagem oral, do domínio da leitura e da escrita, das operações numéricas, da aprendizagem dos conceitos, da concepção de mundo (funções psíquicas infantis), quanto para o raciocínio lógico, a atenção voluntária, a vontade, a memória lógica (funções psíquicas dos adultos).

Fazendo um paralelo com a doutrina espírita, vamos encontrar em Kardec, em *O Livro dos Espíritos* q. 767 e 768, o seguinte:

> Deus fez o homem para viver em sociedade. Não lhe deu inutilmente a palavra.

---

14 Esta passagem encontra-se no livro *Pensamento e linguagem* e pode ser conferida no site: http://books.google.com.br.

> O homem tem que progredir. Insulado, não lhe é isso possível, por não dispor de todas as faculdades. Falta-lhe o contato com os outros homens. No insulamento, ele se embrutece e estiola. Homem nenhum possui faculdades completas. Mediante a união social é que elas umas às outras se completam, para lhe assegurarem o bem-estar e o progresso.

Hoje as Neurociências comprovaram que, ao ter que vencer os desafios da manutenção e prolongamento da vida, assim como garantir o seu bem-estar, o homem fez evoluir o seu cérebro, e isso só foi possível na vida de relação, na troca interpessoal. Não há, pois, dúvida. Somos seres sociais e dependemos uns dos outros.

As pesquisas de Vygotsky evidenciaram que a criança é um ser social desde o seu nascimento. A linguagem, tal como é expressa através da fala, trazendo sua marca histórico-cultural, é algo que a criança já encontra ao nascer. São aqueles que a cercam que interpretam seus balbucios, suas expressões espontâneas e seus movimentos. São eles que lhes vão atribuindo um significado.

Assim, por exemplo, o esforço que a criança faz para tentar agarrar algum objeto fora do seu alcance é interpretado como um *desejo de tê-lo*. Ou seja, aquela mão agitada no ar, estendida na direção do objeto é interpretada pelo outro como sendo um *gesto de apontar*. É o outro que, interpretando o seu desejo, lhe atribui um significado, significado que ainda não é seu. Só mais tarde, quando ela puder perceber a relação entre aquela situação vivida e o seu movimento, é que de fato começa a compreendê-lo como um gesto de apontar. A partir daí, irá incorporá-lo ao seu repertório de ações.[15]

Nesse exemplo – clássico na Teoria Histórico-cultural – percebe-

15 Esta informação está contida na obra *A formação social da mente*, pp. 63 e 64, de Vygotsky.

-se com clareza a passagem de uma situação inicialmente externa, em que um movimento que a princípio fora dirigido para um objeto, transforma-se em um movimento dirigido para outro ser humano. Graças a isso, a criança aprendeu que quando quer que um adulto lhe dê algo, basta apontar na direção do objeto desejado. Foi na interação social que se deu a aprendizagem desse gesto.

Vivenciamos um caso com as nossas crianças que ilustra bem essa situação. Nos nossos encontros anteriores, havíamos percebido que algumas delas estavam se mostrando muito egoístas e decidimos, então, propor uma atividade envolvendo várias turmas, ao mesmo tempo.

A sua elaboração exigiu que as evangelizadoras preparassem uma tigela de brigadeiro e levassem tacinhas e confeitos variados. Na sala, propuseram às crianças que colocassem o brigadeiro nas tacinhas e depois as enfeitassem com os confeitos. Em uma primeira rodada foi dado apenas confeito marrom, de chocolate. Quando terminaram, foi dada a cada uma outra tacinha para fazer a mesma coisa, só que dessa vez os confeitos eram coloridos e maiores que os anteriores. Continuando a atividade, elas pediram que cada uma escolhesse a mais bonita. Todas escolheram a tacinha com os confeitos coloridos. Então, pediram que elas formassem um círculo, segurando essa tacinha com a mão direita. Suspense. - E agora? - perguntaram. - Agora vocês vão oferecer essa tacinha para quem estiver à sua direita - responderam. Praticamente todos assim procederam. No entanto, duas crianças se recusaram a doar o doce para o colega da direita, embora já tivessem recebido outro do companheiro que estava à sua esquerda. Nesse instante, uma das evangelizadoras pergunta: - O que vocês têm na mão esquerda? Receberam um lindo doce de alguém. Então?

Bastou essa observação para que ambos oferecessem seus docinhos para o colega da direita.

Depois, em cada sala, houve o desdobramento da atividade, com perguntas e comentários que levaram as crianças a refletirem sobre o tema, à luz do que fora vivenciado. Começava ali a sistematização da lição aprendida.

Analisando a questão, observamos que nela estão presentes os elementos destacados por Vygotsky: a interação social, a intermediação da linguagem, a observação da atitude do outro para com ele e, finalmente, a mudança de comportamento, indicando que houve aprendizagem. Um verdadeiro processo que começou externo e terminou em uma internalização.[16]

Se no cerne da proposta pedagógica espírita está a transformação moral do homem a fim de se tornar uma pessoa de bem, levando essa mesma transformação à sociedade, podemos inferir que a culminância desse processo é, exatamente, a internalização dos conteúdos evangélicos. Como educadores de crianças e jovens, temos a obrigação de ajudá-los no atingimento desse objetivo, como

16 Vygotsky, Lev. *Pensamento e linguagem*. São Paulo: Martins Fontes, 1987.

afirmou Bezerra de Menezes: *"[...]não podemos, sem graves comprometimentos espirituais, sonegar-lhes a educação, as luzes do Evangelho de Nosso Senhor Jesus Cristo, fazendo brilhar em seus corações as excelências das lições do excelso Mestre com vistas à transformação das sociedades terrestres para uma nova Humanidade."*[17]

---

17 Separata do Reformador. *A evangelização espírita da infância e da juventude na opinião dos espíritos.* FEB, out. 1986, mensagem psicografada por Júlio Cezar Grandi Ribeiro.

APRENDENDO CONCEITOS A PARTIR DE VIVÊNCIAS

Aquela seria a primeira vez que a turma do 1º ciclo iria ter um encontro tratando especificamente da reencarnação. Tema importante. Era preciso caprichar.

A atividade que planejamos com Leila e Eliane, as evangelizadoras, foi trabalhosa, mas o resultado foi ótimo.

A ideia central era levar as crianças a se imaginarem vivendo dois tipos de existência: uma em boas condições financeiras e outra com muitas dificuldades. Sempre pensando na possibilidade de utilizarmos outras linguagens na nossa ação pedagógica, já havíamos reunido, em um baú, no centro espírita, muitas roupas, adereços, e até mesmo fantasias, uma vez que são excelentes recursos para dramatização.

Com a ajuda de uma ou outra peça obtida em casa, que vieram se somar às do centro, as evangelizadoras conseguiram reunir caracterizações para inúmeras personagens: príncipe, dançarina, princesa, dama da sociedade, médico e engenheiro, e também: servo do príncipe, vendedora de frutas, criada, lavrador, entre outras.

As peças reunidas foram colocadas em sacolas e deixadas sobre as cadeiras da sala, previamente arrumada em círculo. Houve um cuidado, porém: uma criança receberia a caracterização de um personagem de vida glamorosa, ou confortável, enquanto a que estivesse ao seu lado receberia a de um que levara uma vida de dificuldades.

Assim que chegam, é dada a explicação de que, naquele dia, todos vão brincar de faz de conta. Logo entendem que é para cada qual assumir um personagem utilizando-se do material colocado nas sacolas.

Festa. Ainda estavam tentando se identificar entre si quando Eliane assume o comando e explica como deverá ser a atividade. "Faz de conta que cada um de vocês viveu, há muito tempo, uma vida em que era um desses personagens. Eu vou, então, entrevistar um de cada vez para saber como foi essa vida." Pronto! Aí estava o objetivo da aula: levar os evangelizandos a construir o conceito de reencarnação.

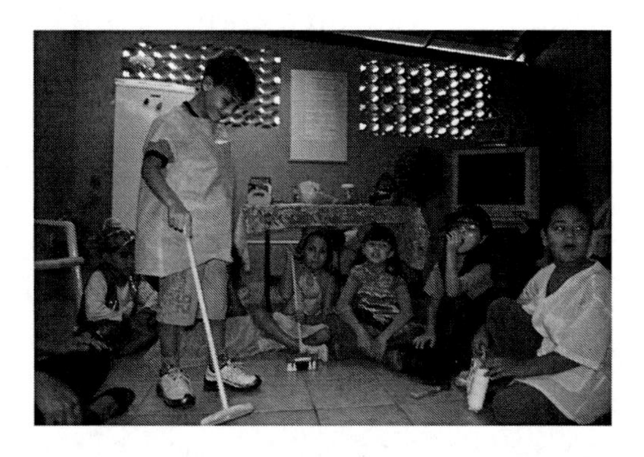

Todos se sentam em círculo, no chão. Uma criança vai para o centro da roda e Leila se encarrega de soprar-lhe as falas sempre que percebe que ela titubeia.

Na entrevista Eliane ora fala "nesta vida", ora "nesta *encarnação*". Pergunta se tinha sido feliz ou não, o que fazia etc.

Concluídas as entrevistas, dá a rodada por terminada, pedindo a todos que retirem as roupas, os adereços e que se sentem na mesma cadeira em que estavam ao começar. A ordem seguinte é para passarem tudo o que receberam para o colega à direita.

Três crianças que tinham representado personagens ricos ou

de prestígio, se recusam a viver os personagens pobres.[18] Saem do círculo e Eliane recomeça. Explica que aquela existência anterior já passou. "Tempos depois, cada um de vocês nasceu de novo e vai viver outra vida. Vai reencarnar".

Novamente, uma criança vai para o centro da roda e recomeçam as entrevistas. Só que agora Eliane tanto faz referência à vida passada, quanto à "sua outra reencarnação". Como são muitas as crianças, essas expressões são repetidas inúmeras vezes. Ela ainda aproveita para analisar contrastes entre as duas "reencarnações".

Vale registrar que em momento algum se fez relação entre causa e efeito. Aquele encontro tinha por objetivo específico trabalhar o *conceito de reencarnação*.

Quando a rodada termina e as roupas são devolvidas, as evangelizadoras apresentam uma música de um CD, cuja letra afixam no mural, que fala exatamente do tema tratado[19]:

> Já faz tempo, muito tempo/ Antes deste corpo eu usar/ Na espiritualidade/ Eu esperava pra reencarnar./ Escolheram um lar pra mim/ Ai, que bom que pra ele eu vim / Eu nasci bem pequenininho/ E de tudo eu me esqueci/ Vim viver uma vida nova/ Para só o bem eu construir./ Vou crescendo e aprendendo/ Que meu destino é chegar até a luz/ Como guia e bom amigo/ Tenho em meu coração Jesus.

O encontro se encerra com todos cantando a música.

---

18 Nós nunca obrigamos a criança a fazer o que não quer, mas registramos o fato e discutimos o assunto na avaliação.

19 CD de Sonia da Palma, produzido pelo Clube do Livro do Lar Fabiano de Cristo, intitulado *Histórias cantadas*. A música foi "Ciranda da reencarnação" e a cifra pode ser encontrada em: http://www.cifras.com.br/cifra/sonia-da-palma/a-ciranda-da-reencarnacao. Acessado em 23 de janeiro de 2013.

Pouco depois, Manoela que mora ali pertinho, chega à casa e anuncia para a mãe: "Na minha próxima encarnação eu não vou ser nem muito pobre nem muito rica". Quando essa quer saber o porquê, ela explica "É que nesta vida de agora eu não sou nem muito pobre, nem muito rica". A seu modo ela havia elaborado o conceito de reencarnação. Objetivo atingido.

Como elaboramos os conceitos

Acabamos de ver como se deu, de maneira intencional e planejada, a formação de um conceito básico da doutrina espírita: reencarnação. Vamos agora analisar como isso se processa na nossa mente.

O ponto de partida é o conhecimento de que "As crianças em idade escolar não criam conceitos, imagens, valores e normas de moralidade social, mas apropriam-se deles no processo da atividade de aprendizagem."[20]

De todas as coisas, fatos, fenômenos que nos cercam, estabelecemos conceitos dos quais não temos sequer consciência. Provavelmente, qualquer criança de sete anos sabe dizer, do seu jeito, o que são um relâmpago ou uma baleia. Suas definições, entretanto, estarão longe do estabelecido formalmente. Ela detém os chamados *conceitos espontâneos*, aqueles que aprendeu no seu dia a dia, aos quais Vygotsky chamou de *saber do senso comum ou cotidiano*. Dirá, por exemplo, que relâmpago é um clarão no céu.

Em contraposição, se ela está em um ambiente como o escolar, no qual existe uma intenção de que adquira novos conhecimentos, estará diante dos chamados *conceitos científicos*. Nesse contexto,

---

20 Esta informação foi trazida pelo educador José Carlos Libâneo em um artigo intitulado "A didática e a aprendizagem do pensar e do aprender: a Teoria Histórico-cultural da atividade e a contribuição de Vasili Davydov".

muito mais tarde, terá que aprender que relâmpago é o resultado de uma descarga eletrostática na atmosfera (o raio) produzida por uma trovoada. É um conceito que requer que ela saiba o que é uma descarga eletromagnética. Significa dizer que precisará entender de eletricidade. Essa, por sua vez, é uma divisão de uma área de estudo maior: a física. Há, aqui, um sistema hierarquizado de conceitos, razão pela qual Vygotsky denominou esse saber de *sistematizado*.

Aprofundando, um pouco mais essa questão, vejamos como você, leitor, aprendeu o conceito científico de baleia. Responda: baleia é peixe?

Se você sabe que a baleia é um mamífero e não um peixe, é provável que tenha aprendido o que são animais vertebrados e como esses se dividem; que entre suas divisões há várias classes, nas quais estão presentes, entre outros, os conceitos de mamífero e de peixe. Deve, também, ter entendido que as baleias se incluem na ordem dos cetáceos: animais mamíferos aquáticos.

Quando na escola um bom professor ensina este assunto, ele sabe como é importante frisar que aquilo que distingue um mamífero de um peixe não é o fato dele viver na água, pois que há animais que vivem nesse ambiente e não são peixes. A ênfase deve ser as principais características gerais dessas duas classes de animais: mamífero é animal de sangue quente, coberto de pelos ou pele e mama quando pequeno; peixe é animal de sangue frio, coberto de escamas e respira por guelras.

Ao apresentar essas características gerais, o professor deseja que os alunos *abstraiam* o que há de comum entre todos os mamíferos e *inibam* as diferenças entre eles. Por exemplo: assim como a vaca, a baleia tem pele (muito grossa) e alguns pelos, respira pelos pulmões e os filhotes mamam na mãe (características comuns). No entanto, não tem os membros iguais às patas da vaca, nem os seus chifres, nem o seu formato. Essas características específicas não devem ser levadas em conta pelo aluno ao formar o conceito de mamífero. Ao contrário, precisam ser inibidas. O mesmo acontece com o fato de a baleia viver na água. Esse é um detalhe e não uma característica geral dos mamíferos.

Em síntese: se desejamos ajudar alguém a construir conceitos científicos, e, portanto, sistematizados, devemos ter a preocupação em levá-lo a abstrair as principais propriedades desse conceito e a compreender as relações que ele mantém com um conhecimento mais amplo: baleia - animal mamífero - cetáceo - vertebrado.

A intenção de aprender: do cotidiano para o saber elaborado

Ao contrário do espontâneo, esse tipo de conceito científico só se elabora em função de uma intencionalidade, isto é, pressupõe que o aprendiz esteja consciente do que está fazendo. Dirigida pelo uso da palavra, a sua formação envolve uma operação mental que exige que se centre ativamente a atenção sobre o assunto, dele retirando os aspectos que são fundamentais, inibindo os secundários. Esse processo deve levar o aluno a ser capaz de fazer generalizações mais amplas mediante uma síntese[21]. Nesse processo de aprendizagem ocupa papel de destaque o questionamento. É preciso fazer perguntas que possam ajudar o educando a conduzir o seu pensamento.

No exemplo dado, os principais elementos a se abstrair para que se formasse o conceito de reencarnação eram: podemos viver muitas existências diferentes, em épocas distintas. Nascemos, morremos e nascemos de novo.

Para chegarem a essa conclusão as crianças tiveram que inibir algumas das seguintes ideias: quem foi o personagem, seu sexo, seu estilo de vida, se era feliz ou não etc. Eliane, ao se utilizar de ex-

21 Vygotsky, *A formação social da mente*, p.70.

pressões como "vida passada", "na sua outra vida", "na sua outra encarnação", "agora que você está reencarnado como..." fez uso da fala para conduzir o processo. Outra linguagem utilizada foi a da dramatização que, no caso em questão, foi reforçada pela linguagem visual expressa nas vestimentas dos evangelizandos.

Passemos ao outro exemplo.

Na parábola do Bom Samaritano, o que o Mestre Jesus desejava que aprendêssemos? Que quando estivéssemos passando pela estrada de Jericó e víssemos um homem ferido e caído no chão o socorrêssemos? Claro que não. Ao nos trazer este caso particular ele teve a intenção de nos ensinar a ser caridosos como foi o samaritano. O conceito central da parábola é a *caridade*. Para que formássemos esse conceito foi necessário que abstraíssemos as características principais da parábola - a sensibilização pela dor do próximo e prestação de ajuda nas suas necessidades - e inibíssemos todos os detalhes - o local, o incidente, os ferimentos, a hospedaria etc.

Na evangelização de crianças e de jovens, quando ensinamos esse conceito, recomendamos que seja aplicado à vida. Por isso, nos alegramos ao saber de um caso passado com dois dos nossos meninos.

Lucas e Pedro tinham respectivamente quatro e seis anos quando viram pela primeira vez a arrumação das cestas básicas, no salão do grupo espírita. Curioso, o mais velho pergunta à Paola o que significa todo aquele movimento em torno dos pacotes de alimentos. -"Esses alimentos são para serem dados a umas pessoas daqui que necessitam de ajuda". As crianças quiseram saber detalhes e ela explicou. Ao terminar, os dois se comoveram tanto, que já queriam, naquele mesmo dia, ir até o supermercado da esquina comprar mantimentos para serem doados. Desde esse dia, nunca mais se esqueceram de trazer, eles próprios, suas doações. Mesmo sem saber o conceito de caridade, eles foram capazes de entender o seu sentido e o colocaram em prática. Uma bela lição aprendida!

Aprender, generalizar e vivenciar

O que foi mostrado neste capítulo baseou-se na concepção de aprendizagem formulada pela Teoria Histórico-cultural. Vimos que, ao ensinar, deve-se partir de situações conhecidas - do saber do cotidiano que a pessoa traz - para se chegar àquilo que se deseja que seja aprendido; caminhar dos casos particulares para um conceito geral, aplicável a todos os casos.

No primeiro exemplo, o particular foi cada uma daquelas vidas, e o geral, a ideia de que o homem retorna à Terra em existências sucessivas. Mentalmente e com a ajuda dos processos de abstração e inibição, a criança foi começando a perceber que havia um elemento comum a todas aquelas histórias: todos viveram uma vida e depois retornaram à Terra vivendo novamente, em condições diferentes. Reencarnaram.

De posse dessa ideia geral, ela passou a entender o que significava "voltar a viver uma nova vida". Por isso, à medida que novos personagens foram sendo apresentados, ela já era capaz de entender que seu colega estava representando uma nova existência diferente da anterior. Ou seja, em um movimento que oscilou do particular para o geral, e deste para aquele, a compreensão foi-se fazendo e dela surgiu o conceito.

Era necessário fazer com que os educandos entendessem que a reencarnação é um princípio geral que explica fatos cotidianos da nossa vida terrena.

O mesmo processo mental se aplica à relação entre a parábola do Bom Samaritano e o conceito de caridade.

Essa forma de compreender o processo de aprendizagem é tão natural que o próprio Kardec a utilizou na codificação dos ensinamentos espíritas. Ele partiu de vários relatos particulares dos espíritos, de várias observações pessoais e dali foi capaz de chegar aos conceitos gerais como reencarnação, pluralidade dos mundos habitados, erraticidade, Justiça Divina etc. Usou o chamado *método indutivo.*

Como educadores espíritas de crianças e de jovens, cumpre-nos conduzir a aprendizagem aproveitando os conhecimentos particulares que cada um deles traz, fruto das suas vivências. Caso eles não os tenham, devemos criar situações, contar casos ou histórias, usar músicas, ou ainda trazer exemplos que possam atuar como *saber do cotidiano*, ou seja, como o particular a partir do qual chegaremos ao geral.

Tudo o que aprendemos na doutrina espírita tem por objetivo nos fornecer um saber sistematizado que sirva de base para entendermos e nos posicionarmos em cada situação de vida.

Pelo exposto, espero ter deixado claro que fazer exposições, abusar da fala deixando os aprendizes passivos, pode até funcionar, mas não é, certamente, a melhor forma de fazê-los aprender.

CONSOLIDAÇÃO DE CONCEITOS APRENDIDOS

VIMOS, NO CAPÍTULO ANTERIOR, que os conceitos para serem realmente internalizados precisam ser aplicados. Utilizando-os em diferentes situações, vão sendo reorganizados e ganhando amplitude.

Participação intensa, o primeiro degrau

Na mesma época em que a turma do 1º ciclo realizou aquele encontro sobre reencarnação, a do 3º ciclo igualmente se voltava para a mesma temática.

Como se tratava de um grupo que já havia estudado o assunto em anos anteriores, o objetivo desse encontro era ampliar e consolidar o conhecimento. Desejávamos que os evangelizandos compreendessem que nós reencarnamos para evoluir e isso se dá pelo resgate dos erros e pela aquisição de novas aprendizagens.

Esse foi um daqueles encontros que exigiu muito trabalho na sua preparação, mas que valeu o esforço. A nossa ideia era: partir de histórias inventadas sobre vários personagens que descreviam duas de suas reencarnações; apresentá-las de forma embaralhada e desafiar a turma a descobrir correspondência entre elas.

O primeiro passo foi criar essas histórias de vida. Pequenos resumos, revelando o perfil de cada um. Como parte da técnica, as apresentadas a seguir eram numeradas e impressas em papel branco.

1. Fui pobre e morava em uma choupana nas montanhas. Vivia muito sozinho. Não me casei e quase não via ninguém. Tomava conta de ovelhas. Mesmo sozinho, não vivia triste porque gostava daquilo que eu fazia. Minhas ovelhas davam lã e eu gostava de saber que isso iria ajudar as pessoas a se agasalharem no inverno. Vivia com pouca coisa, mas isto não me incomodava. Agradecia a Deus por ter o que comer.

2. Fui um pescador e levava uma vida dura. Acordava todos os dias de madrugada , pegava meu barquinho e saía para o mar. Quando chovia muitos dias seguidos, minha família ficava sem ter o que comer. Isto me entristecia porque tinha muitos filhos e gostava demais deles. A vida no mar era muito dura e o meu sonho era dar uma situação melhor para os meus filhos. Infelizmente, morri cedo e não pude ajudá-los.

3. Fui um guerreiro e passei muitos anos lutando em terras distantes. Para falar a verdade, gostava disto. Não me apegava a ninguém. Nas guerras, não tinha pena dos outros. Nem mesmo dos companheiros que lutavam ao meu lado. Um dia, uma bala atingiu a minha perna e perdi os movimentos. Passei a usar muletas. Depois a ferida complicou e desencarnei logo em seguida, antes de completar 30 anos. Morri sozinho e acho que ninguém chorou por mim.

4. Fui uma dama da corte. Adorava a minha vida. Vivia nos bailes, nas festas, com muitas criadas para me servir. Tive oito filhos. Quatro morreram ainda criança e os outros, assim que nasciam eu os mandava para serem criados por uma mulher, no campo. Ela ganhava para fazer isso. No Natal as crianças vinham para casa, mas depois voltavam. Só vieram viver comigo quando es-

tava na época da escola. Aí, eu as coloquei em um colégio interno. Desencarnei aos 40 anos, tuberculosa.

5. Nasci numa família muito católica. Desde menina me habituei a rezar e ir para a igreja com os meus pais. Gostava de ajudar os mais necessitados, mesmo não tendo muito dinheiro. Casei-me com um homem bom. Tive sete filhos. Dois deles morreram na guerra ainda jovens. Sofri muito com isso. Nunca aprendi a ler e a escrever, embora fosse esse um dos meus maiores sonhos.

6. Fui uma bailarina famosa e até os reis vinham me assistir. Sempre gostei de viver entre as pessoas mais ricas da sociedade e jamais suportei os pobres. Ganhei muito dinheiro e consegui viver bem até morrer. Nada me faltou. Sempre vivi cercada de empregados. A única coisa que me aborrecia era o fato deles viverem reclamando que ganhavam pouco. O que é que eles queriam? Deviam é me agradecer por estarem trabalhando para mim, uma mulher tão invejada por todos.

7. Fui mercador de remédios na minha última vida. Tinha um burrinho e nele viajava para toda parte, levando medicamentos para as pessoas que moravam longe. Para mim, não havia tempo ruim nem dificuldades. Subia montanhas, atravessava rios em canoas, andava por florestas perigosas. Confiava em Deus e, graças a Ele, nada de mal me aconteceu. Fiquei viúvo com cinco filhos, mas eles se ajudavam uns aos outros. Eu os amava muito. Quando fiquei velho para o trabalho eles cuidaram de mim até a minha desencarnação.

Os que se seguem não tinham numeração e foram impressos em papel colorido (verde).

- Nasci numa cidade do interior, em uma família de comerciantes. Desde cedo me habituei a ajudar meu pai na loja e agora, que eu me casei, consegui abrir uma lojinha para mim também. Não sou rico, mas vou trabalhar para não faltar nada para a minha família. Sonho em ter muitos filhos porque acho triste viver sozinho. Sou cristão e agradeço a Deus tudo o que tenho.

- Sou um empresário e tenho uma vida confortável junto à minha família. Dei muito duro para chegar até aqui e dou muito valor a quem trabalha. Minha maior alegria foi poder ter dado instrução para os meus filhos e ver que não falta comida na minha casa. Hoje, estão todos encaminhados. Sempre tive muito medo de morrer cedo e deixá-los desamparados.

- Nasci em uma comunidade muito pobre e violenta. Não conheci meu pai e minha mãe me abandonou quando eu era pequeno. Vivi pela rua, me virando, fazendo pequenos bicos. Com muito esforço, consegui juntar dinheiro para comprar uma moto em sociedade com um colega. Um dia, ele pegou a moto e fugiu, sem me dar explicação. Achei muita ingratidão, porque eu sempre o ajudei. Ele também foi criado na rua, como eu. Estou me sentindo traído e noto que ninguém se preocupa comigo.

- Nasci na roça e moro em um casebre de madeira. Desde menina peguei na enxada para ajudar os meus pais. Depois que fiquei mocinha, minha mãe me mandou para a cidade grande, ser babá de umas crianças. Trabalhei de babá por quinze anos. Sempre sonhei em me casar e ter os meus próprios filhos, mas vivi sozinha, sempre. Agora sou técnica de enfermagem e nos dias de folga, sou voluntária em um asilo de velhinhos.

- Nasci em uma família de classe média. Meus pais puderam me dar uma boa educação e hoje sou um professor universitário, trabalho em uma faculdade e tenho uma vida equilibrada. Não ganho muito, mas também não passo necessidade de nada. Casei-me com uma colega e temos três filhas. Somos espíritas e gostamos de ajudar os mais necessitados. Somos uma família feliz.

- Sou médica aposentada. Desde menina sonhava com esta carreira. Queria poder ajudar às pessoas necessitadas. Graças a Deus, nasci numa família que sempre me colocou em bons colégios e cuidou da minha educação. Vivi em uma família numerosa e muito feliz. Não me casei, mas tenho muitos sobrinhos que me amam. Tenho também os meus pacientes, que são a razão da minha vida.

- Sou servente de obras. Nunca consegui estudar. Nasci no sertão e, depois de uma grande seca onde meus pais perderam toda a lavoura, tivemos que nos mudar para uma cidade maior. Meu pai morreu na viagem e minha mãe ficou sozinha com cinco filhos pra criar. O jeito foi colocar os mais velhos para trabalhar. Por isso, fui trabalhar desde os 12 anos. Mesmo eu me esforçando, não consigo um serviço melhor. Ganho muito pouco e, por isso, não pude me casar nem ter família.

As histórias foram escritas em retângulos de aproximadamente 12 cm x 6 cm e impressas em papéis de cor diferente para distinguir as numeradas das que não tinham numeração e não eram sequenciais.

O segundo passo foi buscar na internet figuras correspondentes aos personagens. Em formato quadrado (5 cm x 5 cm), foram impressas e recortadas.

Depois das histórias prontas, como queríamos que a turma confeccionasse um móbile representando o que fora trabalhado naquele encontro, providenciamos quadrados e retângulos em EVA, bem como fios de nylon e arames.

Nesse dia, a sala teve suas mesas agrupadas para facilitar o trabalho. Por se tratar de turma pequena, não houve divisão em grupos.

As evangelizadoras Regina e Livia utilizaram o seguinte roteiro:

1. Iniciar a aula perguntando se alguém já pensou no que foi antes desta vida. Explorar o tema perguntando quem sabe a diferença entre *resgate* (lei de causa e efeito ou de ação e reação) e *novas aprendizagens*. Perguntar se é possível que um espírito que foi homem reencarnar como mulher, e vice-versa. Deixar as respostas no ar.

2. Propor a atividade: tentar descobrir as duas reencarnações dos personagens apresentados, baseados na lei de causa e efeito, ou na aquisição de novas aprendizagens. Colocar sobre a mesa as

histórias recortadas e numeradas. Pedir que, individualmente ou em dupla, os participantes peguem uma delas.

3. Em seguida, fazer o mesmo com as histórias sem numeração (verde).

4. Mostrar, uma a uma, as figuras, desafiando a turma a descobrir de que personagem se trata. Uma vez descoberta a relação, pedir que se mantenha a figura junto ao recorte da história.

5. Recolher as histórias sem numeração. Aleatoriamente, ir lendo, em voz alta, e pedir que quem acha que está com a história anterior daquele personagem se manifeste. Estando certo, pedir para colar uma contra a outra, sobre o retângulo emborrachado. Como as figuras correspondentes aos personagens já devem estar emparelhadas com as histórias, pedir que também as colem, umas contra as outras, sobre o EVA.

6. Discutir o caso, tirando as lições pertinentes. Fazer o mesmo com todas as demais histórias.

7. Iniciar a montagem de um móbile, deixando pendurados os retângulos com as histórias e, abaixo desses, os quadrados com as figuras.

Análise do desempenho do grupo

Esse foi um encontro que produziu muita motivação. Crianças e jovens adoram desafios como os que foram propostos. Mediante as respostas às perguntas iniciais, as evangelizadoras perceberam que havia um desnivelamento em relação ao conhecimento daquele conteúdo. Todos já conheciam a lei de causa e efeito. Por isso, foi fácil o emparelhamento das histórias quando esse elemento era visível: o espírito estava resgatando suas faltas, como por exemplo, ligar a história do guerreiro com a do jovem da moto.

O grupo, no entanto, começou a mostrar dificuldades quando se tratava de histórias que revelavam, apenas, que aquele espírito estava em processo de *aprendizagem de novas experiências*, como a do pastor de ovelhas solitário e a do comerciante que sonhava em ter família.

Dificuldade maior se apresentou quando os evangelizandos precisaram perceber que o espírito que animara uma mulher (a dama da corte), poderia retornar como homem (o pedreiro).

Para aqueles que desconheciam esse fato, foi criado nas suas mentes um *conflito cognitivo*. Esse é um momento precioso na aprendizagem e merece toda a atenção de quem ensina. Ele ocorre quando o conhecimento que o aprendiz traz não se ajusta com a nova ideia. O educador, ao reforçar essa ideia, obriga-o a se deslocar de um patamar para outro superior, mais abrangente. Há uma reorganização nos seus esquemas mentais.

Confirmando que a aprendizagem havia sido feita naquela turma, quando os jovens tiveram que descobrir qual teria sido a reencarnação do mercador de remédios - a última história apresentada -, não titubearam em responder que fora a médica. Agora não havia dúvidas. Todos sabiam que pode haver alternância de sexo na reencarnação.

Será que, ao invés desse processo, os aprendizes tivessem que se limitar a ouvir uma exposição sobre o tema, o resultado teria sido semelhante? Tudo indica que não.

Em resumo: o conceito de reencarnação foi alargado e, sobretudo, consolidado nas mentes dos evangelizandos daquela turma de 3º ciclo, graças à continuidade do trabalho com o tema, e à aplicação e construção de processos dinâmicos do pensamento. Eles foram obrigados a solucionar problemas.

Fica aqui uma recomendação: lance desafios; crie conflitos cognitivos. Eles são fontes de novas aprendizagens.

Dosar desafios e promover conquistas

Penso ser oportuno mostrar como adequamos os desafios ao nível da turma.

Nos dois exemplos de atividades que acabamos de expor, vimos que ambos tratavam do conceito de reencarnação. Estávamos, porém, diante de situações opostas: uma turma que desconhecia por completo o conceito e outra que já o tinha construído, em linhas gerais, mas que precisava expandi-lo. Havia nuances do processo reencarnatório que os evangelizandos ignoravam.

O exemplo que darei a seguir é de uma situação intermediária. Passou-se com a turma do 2º ciclo. O desafio também se fez presente, porém em um grau de complexidade muito menor. O objetivo limitou-se à consolidação dos conceitos de reencarnação, e de causa e efeito.

Em encontros anteriores, a turma já tinha tido oportunidade de trabalhar com ambos os assuntos. A oportunidade de consolidar os referidos conceitos surgiu em função da leitura de um livro que estava sendo trabalhado com a turma há duas semanas: *Não tenha medo dos espíritos. Ninguém morre!*, psicografado por Raul Teixeira.[22]

Depois de ter contado o caso de uma menina autista que, na última encarnação, havia sido muito egoísta, só pensando em si mes-

---

22 Este livro, destinado ao publico juvenil, foi ditado por Rosângela. É editado pela Fráter Editora e pode ser adquirido pelo site: http://www.editorafrater.com.br/.

ma, foi proposta uma atividade parecida com a que acabamos de mostrar, embora com menor grau de complexidade.

Como os evangelizandos estão acostumados a acessar as redes sociais e em algumas delas - em especial no Facebook - há um perfil da pessoa, Maria Eduarda, juntamente com Sueli, elaborou fichas com perfis de pessoas em duas existências. Na primeira, as informações estavam completas; na segunda, incompletas. Caberia às crianças completarem-nas, inventando situações em consonância com a lei de causa e efeito.

Foram dadas várias fichas como as que se seguem, provocando nos educandos interesse em realizar a tarefa apresentada. Em termos visuais, tudo lhes parecia muito familiar. O desafio de completar as lacunas foi facilmente superado por todos.

Judith Anastácia Bragança de Oliveira

Sobre: Era uma nobre mulher que vivia no século XVII, tinha muitas terras e casas. Possuía muitos escravos e animais.

Saúde: Jovem e plenamente saudável.

Hábitos: Nunca praticava nenhuma atividade física, fumava muito e bebia regularmente em inúmeras festas que ia.

Amizade: Seu círculo social era basicamente por amizades falsas, feitas por puro interesse para aumentar sua riqueza. Casou-se com um homem velho e rico, o qual não amava e o traía.

Desencarnação: Desencarnou bem idosa, dormindo, sem ninguém para estar ao seu lado.

Maria do Amparo Pereira

Sobre: Jovem simpática que morava no interior, no século XIX. Vivia na casa dos fundos de seus patrões junto aos seus pais. Trabalhava todos os dias.

Saúde:____

____

Hábitos: Cuidava todos os dias dos animais e da terra. Ajudava seus pais que eram bem velhinhos e a todos que a solicitavam. Saía bem pouco de casa, somente para ir à escola.

Amizade:____

____

Desencarnação: Contaminada pelo ambiente insalubre que vivia, desencarnou aos 12 anos por um quadro de desidratação.

Comparada à atividade realizada com a turma do 3º ciclo, essa apresenta um nível bem menor de dificuldade. No entanto, esse nível mostra-se bem superior ao da turma do 1º ciclo, que estava apenas começando a formar o conceito de reencarnação. Só mais tarde, e de maneira bem lúdica, foi introduzido, nessa turma, o conceito de ação e reação.

Essa organização do material procurou seguir o ritmo do desenvolvimento cognitivo dos educandos. Sabemos que o conceito de reencarnação está inserido em um outro mais amplo: o da Justiça Divina, da qual a lei de causa e efeito faz parte. Ainda que haja muitos educadores espíritas que optam por incluir esse último na programação voltada para crianças pequenas, sabemos que ela não consegue apreendê-lo, com toda a sua profundidade, razão pela qual só o incluímos nas turmas a partir do 1º ciclo.

Para os companheiros que insistem em afirmar que nós educamos o espírito e que ele é capaz de absorver qualquer ensinamento, uma vez que já foi adulto em outras existências, nós respondemos citando Kardec. Ao indagar aos espíritos se "*O livre exercício das faculdades da alma está subordinado ao desenvolvimento dos órgãos?*" ele recebeu a seguinte resposta: "Os órgãos são os instrumentos da manifestação das faculdades da alma, manifestação que se acha subordinada ao desenvolvimento e ao grau de perfeição dos órgãos, como a excelência de um trabalho o está à da ferramenta própria à sua execução." (*O Livro dos Espíritos*, questão 369). É, portanto, de ordem física a limitação que a criança traz para a aprendizagem.

APLICAÇÃO DE CONCEITOS CONSOLIDADOS

PARA SE TER CLAREZA DOS MOTIVOS que nos levam a respeitar o ritmo do desenvolvimento cognitivo dos educandos, além dos já apontados pelos espíritos a Kardec, segue-se, ainda que de forma breve, a contribuição das neurociências a esse respeito. Veremos que há uma razão de ordem biológica para obedecermos a esse ritmo.

O ritmo do amadurecimento mental

O neurônio, a célula do sistema nervoso responsável pela condução do impulso nervoso, é constituído de dendritos e axônio. Os *dendritos* são prolongamentos geralmente muito ramificados e que atuam como *receptores* de estímulos.

Os *axônios* atuam como *condutores* dos impulsos nervosos, são mais longos e só possuem ramificações na extremidade. As comunicações que os neurônios estabelecem entre si ocorrem com a passagem do impulso nervoso entre o axônio de um, para um dendrito de outro. A este processo dá-se o nome de *sinapse*.[23]

---

23 http://www.psiqweb.med.br/site/?area=NO/LerNoticia&idNoticia=290, acessado em 13 de janeiro de 2013.

COMUNICAÇÃO ENTRE NEURÔNIOS

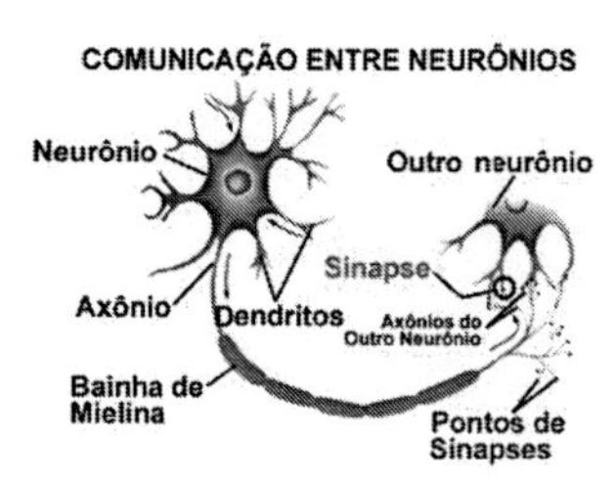

Fonte: http://www.psiqweb.med.br

Nossos neurônios sofrem um processo de amadurecimento que começa na vida intrauterina, se intensifica após o nascimento (por volta dos dois anos), e prossegue, às vezes, até a terceira década.[24] Esse processo, denominado de *mielinização*, consiste no aparecimento de uma membrana chamada bainha de mielina que envolve o axônio de cada neurônio.

A mielinização dos neurônios não ocorre igualmente em todas as áreas do cérebro. Ao contrário, ela vai se dando ao longo do tempo. As áreas relativas ao pensamento abstrato são mielinizadas por volta dos oito a dez anos.

Como o desenvolvimento das nossas funções mentais superiores depende do processo de mielinização, a aprendizagem de conceitos abstratos só irá ocorrer quando a área cerebral relacionada à abstração estiver mielinizada.

É muito comum vermos educadores espíritas recorrendo a imagens concretas para fazer uma criança pequena compreender um conceito abstrato, como por exemplo, o da Justiça Divina.

Certa feita, conversando com uma menina de sete anos, frequentadora de uma evangelização na qual ouvira falar de reen-

24 Cf. Suzana Herculano-Houzel, no livro *O cérebro em transformação.*

carnação, me dissera muito convicta: "Gente boa quando morre, volta como gente, e gente ruim, quando morre, vira sapo". Claro que tentei corrigir o seu erro. No entanto, aquele foi para mim um momento de confirmação do que dizem as teorias sobre desenvolvimento infantil: a criança elabora o conhecimento com os recursos que detém. Possivelmente já ouvira falar da Justiça Divina. A seu modo, sem ter ainda os recursos neurais que a mielinização oferece, e possivelmente se lembrando de alguma história de reencarnação envolvendo sapo, elaborou aquela forma equivocada de pensar. De fato, criança nessa idade não abstrai.

Considero de extrema importância levar em conta essa contribuição das neurociências na ação pedagógica junto à criança como forma de se evitar equívocos.

Revelando novos saberes

Retornando, pois, ao nosso exemplo de reencarnação como parte de um conceito mais amplo - o da Justiça Divina -, pretendo apresentar e analisar um encontro sobre esse assunto, realizado com a turma do 1º ciclo da Juventude , cujas idades variavam entre 13 e 17 anos. O objetivo era aprofundar o conhecimento das leis que regem a reencarnação, particularmente a de causa e efeito, entendendo o mecanismo da Justiça Divina.

Esse também foi um encontro que exigiu uma cuidadosa preparação.

Planejado para ser dado em um dia, acabou ocupando dois, tamanho foi o envolvimento da turma (13 jovens).

No início, Leizimar, a evangelizadora da turma, recordou alguns conceitos básicos ligados ao tema. Lembrou, ainda, como são planejadas as reencarnações, uma vez que os jovens já haviam assistido ao filme *Nosso Lar*. Depois, dividiu a turma em grupos. Explicou que iria apresentar um caso e que eles teriam que se posicionar como se estivessem vivendo no Mundo Espiritual, desempenhando um papel no Ministério do Planejamento.

Prosseguiu explicando que todos os grupos receberiam uma história fictícia envolvendo espíritos que seriam encaminhados para aquele Ministério com vistas a uma nova encarnação na Terra. Caberia a cada um analisar o caso e, à luz das leis da Justiça Divina, imaginar que arranjo familiar seria o mais recomendável para a sua evolução espiritual.

Eis o texto entregue a cada grupo:

> Bem-vindos ao Ministério do Planejamento.
> A partir de agora, você e seus amigos estão no mundo espiritual atuando na área em que são planejadas as reencarnações. Sempre respeitando o livre-arbítrio dos nossos irmãos da erraticidade, vocês deverão orientá-los sobre como deve ser o seu retorno à Terra. Mas nem todos podem participar do planejamento da sua próxima reencarnação. Haverá casos em que essa deverá ser compulsória, isto é, espíritos mais adiantados cuidarão desse planejamento e o reencarnante será encaminhado involuntariamente à Terra. Mas, compulsória ou não, tudo isso só existe com um propósito: a evolução espiritual de cada um e o resgate de débitos do passado.
> A situação descrita abaixo acabou de chegar ao Ministério. Cabe a você e ao seu grupo encaminhá-la da melhor forma possível. Leiam-na com atenção:
> Um casal de jovens ambiciosos, Beatriz e Gerson, compartilhavam o ideal de construir um império financeiro e viver como milionários. Donos de uma empresa em expansão, eram populares na cidade onde moravam, figurando nas colunas sociais. Cultivavam as aparências. Transferiram para o filho pequeno, Felipe, muitas expectativas de vitórias. Pretendiam fazer dele o sucessor de seus so-

nhos. Juntos, venceram dificuldades, ainda que recorrendo a atos ilícitos, dando prejuízo a concorrentes menores. Dentre estes, um sócio - Expedito - foi criminosamente roubado, ficando na penúria com sua jovem esposa Fátima. Dominado pelo desejo de vingança, o sócio traído buscou uma falha nas ações do ex-amigo para levá-lo à justiça. Conseguiu, num ato de grandes proporções, a prova que queria, denunciando, assim, o casal à polícia
Diante da possibilidade de perder tudo e ser exposto à opinião pública, envergonhado e sem coragem o empresário Gerson se suicidou. Beatriz, sua jovem esposa, enlouqueceu. Felipe, praticamente órfão, foi encaminhado aos cuidados dos tios Glória e Cícero.

A partir da leitura, a evangelizadora deu, por escrito, um papel contendo a atividade proposta. Para facilitar, organizou um quadro como o que se segue, para ser preenchido. Nele, os participantes deveriam escrever, depois de discussão em grupo, suas sugestões para uma nova encarnação de cada personagem da história.

Leiam atentamente a situação descrita. Busquem, em conjunto, definir uma nova constelação familiar que possibilite aos espíritos envolvidos resgatar faltas cometidas na encarnação anterior.

Espíritos envolvidos	Atos equivocados e suas consequências	Sugestões para nova encarnação

Na avaliação, a evangelizadora fez um relato circunstanciado a respeito do que aconteceu. Disse-nos que o interesse foi tanto que na semana seguinte uma das jovens precisava faltar por um motivo ligado à família, mas se recusou dizendo: "Não posso faltar. Ainda tenho que ajudar na reencarnação de uns espíritos". Diante do espanto da pessoa com quem falava, esclareceu que se tratava da atividade que restara incompleta.

De fato, a maioria levou a tarefa a sério. Discutiu, questionou, elaborou hipóteses, demonstrou, enfim, entendimento acerca da Justiça Divina a se expressar na lei de causa e efeito.

Diferenças nos desempenhos

Ainda em relação a esse exemplo, apesar do bom nível de compreensão da maioria, verificou-se, no entanto, certa variação na forma de realizar a atividade, em função da faixa etária dos componentes dos grupos. Os mais velhos se saíram melhor do que os mais jovens, tanto em termo do tempo gasto, quanto das soluções apontadas. Podemos afirmar, mais uma vez, que tal fato sugere a diferença no amadurecimento das funções mentais superiores das equipes.

Do ponto de vista da aprendizagem podemos ver que houve um esforço da educadora para ampliar, cada vez mais, os conceitos de reencarnação e Justiça Divina junto aos evangelizandos.

O fato de ter que se envolver como se estivessem no Ministério do Planejamento funcionou muito bem. Embora não substitua a prática, ter que se colocar em uma situação fictícia, mas semelhante à real, ajuda a fixar conteúdos já aprendidos, consolidando-os de uma forma que dificilmente serão esquecidos. Tudo, naquela atividade prática, favoreceu a apreensão do significado.

Apenas para demonstrar como certos conceitos espíritas aprendidos vão ganhando cada vez mais sentido na vida das pessoas, transformando-as, quero aqui registrar um episódio do qual participei.

Assim que cheguei à evangelização, no nosso grupo espírita, quando ajudava eventualmente a evangelizadora Vilma, à época com o 2º ciclo da Juventude, organizei uma atividade em torno do tema "Sonhos e medos". Essa era uma forma de conhecer a turma na qual eu acabava de chegar.

Fiz uma roda de perguntas, deixando que todos os jovens falassem. Uns quinze, aproximadamente. Medo da morte ou do sofrimento por ela causado, medo de perder seres queridos, medo de assaltos... Um a um, os jovens iam expondo seus receios. Até que chegou a vez de Daniel, um jovem de família espírita, estudante de medicina. Sua resposta, diferente da de todos que o antecederam, deixou-me admirada: "Eu tenho medo de não realizar aquilo que eu assumi fazer antes de reencarnar". Aquele jovem demonstrava ter uma maturidade incomum entre seus pares. Não foi surpresa, portanto, vê-lo cada vez mais envolvido com a sua formação espírita. Lê muito, frequenta o ESDE com intensa participação, fez curso de passe e está se preparando para ser um palestrante espírita. E mais: se vai em visita à instituição de idosos, leva o seu clarinete e toca para alegrá-los. Antenado com o seu tempo, Daniel tem perfil no Facebook e está presente no grupo da Mocidade criado por sua evangelizadora. Suas postagens revelam o seu elevado grau de maturidade. Há alguns meses propôs, na sua página, aos companheiros, que todas as noites, às 23 horas, fizessem uma pausa para orar.

À luz do que foi explicado sobre a evolução dos conceitos, isto é, do seu caminho desde o momento da aprendizagem inicial até serem internalizados, podemos dizer que Daniel retrata exatamente onde queremos chegar: na transformação moral do evangelizando; na sua aquisição de valores, e no fortalecimento do seu compromisso com a própria evolução espiritual. A reencarnação, para ele, deixou de ser um constructo mental para se transformar em uma realidade. Aproveitar a presente reencarnação para se tornar uma pessoa melhor é sua meta. E fazer isso com todas as crianças e jovens que nos são confiados é o nosso compromisso.

Se tivéssemos que resumir em poucas palavras o que caracteriza o nosso trabalho, diríamos que é a preocupação em levar os educandos - e nós próprios - a colocar em prática as lições do evangelho. Nesse sentido, incentivamos a todos, desde os primeiros anos da infância, a aprendizagem do descentramento de si mesmo em prol de uma atitude mais voltada para o próximo. Não é por outra razão que com relativa frequência estamos incentivando a garotada a preparar pequenos presentes para serem entregues aos idosos do Lar Esperança e a escrever-lhes bilhetinhos carinhosos para alegrar os seus dias; a doar os brinquedos excedentes e destiná-los a crianças que não os têm. Temos sempre em mente a lição de *O Evangelho segundo o Espiritismo*, intitulada "Os infortúnios ocultos". Nela, a mãe dedicada à prática da caridade, se empenha em ensinar à filha essa mesma virtude.

> A mocinha também quer fazer a caridade. A mãe, porém, lhe diz: "Que podes dar, minha filha, quando nada tens de teu? Se eu te passar às mãos alguma coisa para que dês a outrem, qual será o teu mérito? [...] Ora, dispensar cuidados é dar alguma coisa. Não te parece bastante isso? Nada mais simples. Aprende a fazer obras úteis e confeccionarás roupas para essas criancinhas. Desse modo, darás alguma coisa que vem de ti." Cap. XIII - Item 4.

Os jovens, entrincheirados no seu mundo, raramente encontram espaço ou estímulo para desenvolver a generosidade, o altruísmo e o espírito de colaboração. Vivem o seu dia a dia respondendo às demandas prementes, deixando passar ao largo as possibilidades que estão fora do seu círculo de interesse. No entanto, respondem, por vezes, com grande entusiasmo, a propostas que os incitem ao protagonismo em ações sociais. Estender a mão ao próximo é, para eles, uma rica oportunidade de autoconhecimento. Nessa hora descobrem – ou confirmam – o quanto são capazes de se doar, de renunciar aos próprios interesses e de desenvolver sentimentos de empatia. E as respostas que obtêm, quando bem-sucedidos, são o aumento na própria autoestima, a percepção de que são, sim, seres úteis, ricos em amorosidade e compaixão.

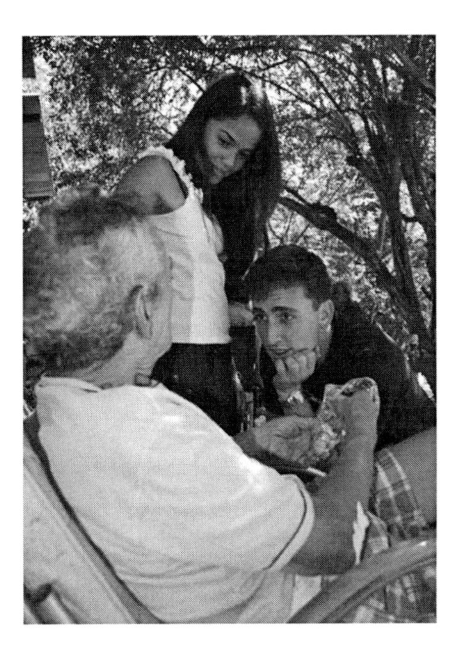

Essa constatação nós temos tido oportunidade de fazer com alguns dos nossos jovens, que visitam o Lar Esperança, cônscios de que têm algo para dar. É impossível não se comover ao vê-los à beira de um leito levando a comida à boca de um velhinho, ou vendo, atentos, antigas fotografias que o novo amigo tem para mostrar. É contagiante a alegria das mocinhas que, acompanhadas das evangelizadoras, fazem roda, cantam e batem palma, alegrando o ambiente. "Dispensar cuidados é dar alguma coisa. [...] que vem de ti."

Maria Eduarda tinha acabado de entrar para o grupo da Juventude quando foi, com os colegas, à visita mensal. Na volta, postou uma bela e comovedora mensagem no Facebook:

> Indo ao Lar Esperança, eu percebi que não existe relação unilateral: onde só eu me entrego, onde só eu trago bonanças. Relações são recíprocas e, no meu caso, acho que ganhei mais do que dei. Percebi que a vida dentro de mim é igual a que está dentro dos idosos e que, ao se conectar, pode passar as energias que faltam a eles. Me sinto energizada, esperançosa e com aquela sensação alegre que se tem quando se visita um amigo. E é justamente por isso que me sinto bem. Não por achar que fiz uma boa obra, mas sim por me terem feito uma boa obra: a amizade.

Cumpre a nós, adultos e, sobretudo, educadores, criar oportunidades para que o jovem possa experienciar situações como a aqui retratada. Saber que há alguém aguardando a sua presença para compartilhar suas dores e desolações, ou simplesmente fazer reviver um passado quase esquecido talvez seja, para o jovem, um sentimento novo, capaz de desencadear novas posturas diante da vida.

O despertar dessa sensibilidade pode, com certeza, começar muito antes e de uma forma bem mais suave como, por exemplo, trabalhando o desprendimento da criança das coisas materiais.

Fizemos, em 2011, uma festa junina[25] com brinquedos e prendas confeccionados pelas próprias crianças. Ao acabar de confeccionar algum brinquedo bem bonito, testemunhamos algumas delas dizendo: - "Esse eu vou querer para mim." E vimos, também, a reação da educadora, esclarecendo-as de que estávamos ali para colaborar.

25 Foi uma festa toda pautada no tema Ecologia. O material utilizado, confeccionado pelos evangelizandos e evangelizadores, foi fruto de reciclagem, como os brinquedos e os enfeites.

Assim sendo, toda a produção feita deveria ser encaixotada e destinada para a festa.

Lá, durante o festejo, pudemos ver que a lição havia sido assimilada: um havia feito e o outro brincado.

O FOCO DA CONSCIÊNCIA

CERTA VEZ, DURANTE UMA OFICINA de capacitação de evangelizadores que eu coordenava, ouvi uma participante expor, decepcionada, que não havia meio de seus meninos aprenderem. Dava a aula, explicava tudo direitinho, e depois, para que eles gostassem de ali estar, dava algumas brincadeiras como palavras-cruzadas, caça-palavras, mandava colorir figuras que ela mesma trazia... e nada.

Na mesma hora me lembrei das pesquisas feitas por dois colaboradores de Vygotsky - Alexander Luria e Alexis Leontiev - a respeito do papel da consciência na aprendizagem.[26]

A importância de fazer pensar

Interessados em investigar a relação entre memória e consciência, pesquisadores ligados a Luria montaram um experimento interessante, cujo resultado foi incontestável. Consistiu em comparar o desempenho de dois grupos de pessoas submetidas a duas tarefas, aparentemente idênticas do ponto de vista externo, mas diferentes sob o ângulo psicológico.

Em ambos os grupos os participantes receberam um cartaz com 15 figuras e o mesmo número de cartões contendo figuras diferentes, que deveriam ser emparelhadas com as do cartaz. A única dife-

26 Consciência aqui tomada no sentido de estar atento, colocar o pensamento em algo.

rença existente era o critério de emparelhamento. Enquanto um dos grupos deveria emparelhá-las em função da letra inicial das figuras, o outro deveria fazê-lo em função de algum tipo de associação existente entre, como: serrote/tábua; chave/fechadura.

À primeira vista, o tipo de atenção requerido por ambos os grupos era o mesmo. Seria impossível realizar a tarefa sem estar atento. Os pesquisadores, porém, provaram que havia uma profunda diferença quanto ao foco da consciência do participante em cada um dos grupos. Para tanto, solicitou-lhes que tentassem se lembrar das figuras existentes nos cartões, após todo o material ter sido recolhido.

Se tivéssemos que dizer qual dos dois grupos reteve um maior número de imagens na memória talvez disséssemos que foi o que fez a tarefa mais fácil: o emparelhamento pela letra inicial. Os resultados, contudo, mostraram o contrário. Lembrou mais quem teve o desafio de achar as associações de ideias.

Essa diferença foi ainda maior quando se pediu para que eles se lembrassem dos pares. Houve mesmo quem não conseguisse se lembrar de um único par, entre os primeiros. No entanto, aquelas que tiveram que procurar algum tipo de *relação entre as figuras*, obtiveram índices muito altos em ambos os casos (lembrar da figura do cartão ou lembrar dos pares). O que explica tal diferença?

No primeiro grupo, a pessoa, ao selecionar o cartão de acordo com a letra inicial, vê, distingue e seleciona um dado objeto que está no seu campo de atenção, mas, de fato, o objeto da sua consciência é a letra inicial do *nome* da figura, e não ela própria (bola/bule; casa/corda, por exemplo). Como a tarefa é muito fácil, ela a faz quase sem pensar.

No outro grupo, o foco da sua consciência está nas *próprias figuras*. É nelas que a pessoa tem que prestar atenção, enquanto procura mentalmente relacioná-las. Exige raciocínio. Por isso, consegue recordá-las com facilidade. Ou seja, gravamos melhor o que nos faz pensar.

Quer me parecer fora de questão a importância dessas conclusões para a situação de ensino-aprendizagem. É ela quem explica o insucesso daquela educadora. Mas ela não é, provavelmente, uma exceção. Quantas vezes não presenciamos a dissociação entre atividade e consciência nos nossos encontros pedagógicos, nas instituições espíritas? Quantas vezes não terá residido nesse processo equivocado de ensinar uma das causas da dificuldade em compreender o sentido dos conteúdos apresentados? Creio que há lições interessantes a se tirar a esse respeito, sendo a principal delas a de que *atividade* e *consciência* devem andar juntas.

De nada valem certas atividades propostas às crianças como caça-palavras ou palavras cruzadas. O foco é nas palavras. O mesmo se dá em relação ao desenho para colorir, ao trabalho com argila, à massinha, à pintura, ao origami e outras do gênero, se estiverem dissociadas do conceito que se quer ensinar. O foco não pode ser o fazer, simplesmente. Ele precisa estar centrado no significado daquilo que se faz.

Em nenhuma das atividades que proponho, ou nos planejamentos que passam pelo meu crivo, realizam-se atividades apartadas da consciência.

Estão reunidos, a seguir, três exemplos de trabalhos que foram desenvolvidos com essa preocupação com a turma do 1º ciclo (entre sete e nove anos).

Sabemos que nessa idade as crianças gostam muito de utilizar as mãos para desenhar, pintar, modelar, recortar etc. No entanto, nos casos em pauta, essas atividades foram aplicadas tendo-se o cuidado de mantê-las com as mentes ligadas ao que estava sendo feito, isto é, não perdendo de vista o significado de cada ação.

Atividade e consciência: da teoria para a prática

Nos exemplos selecionados pincei apenas a parte relativa ao uso dos recursos citados acima. Em todos, o ponto de partida foi alguma história apresentada em PowerPoint, ou em transparência/retroprojetor, ou ainda utilizando-se a narração acompanhada de figuras.[27]

Com o objetivo de fixar os conteúdos trabalhados, foram propostas as seguintes atividades, respectivamente:

1. História *O carneiro revoltado*, muito conhecida. Trata da insatisfação com os desígnios de Deus. Revoltado com o fato de ter sua cobertura de lã periodicamente tosquiada, o carneiro faz uma prece a Deus pedindo que seja recoberto de outros materiais (ouro, mel, porcelana e couve). Deus o atende, mas todas essas coberturas causam-lhe algum tipo de sofrimento. Infeliz, ele acaba reconhecendo que tudo o que Deus faz é perfeito e ora pedindo para voltar a ser coberto de lã.
   A turma foi dividida em grupinhos de duas ou três crianças. Leila e Eliane preparam, em cartolina, cópias recortada da figura do carneiro, dando uma para cada grupo. A tarefa consistia em cobrir as figuras com elementos que lembrassem as coberturas da história: algodão, representando a lã; purpurina, o ouro; tinta guache em tom amarelada, o mel. Como na história, a cobertura de porcelana havia se rachado ao sol, foi representada

---

27 *O carneiro revoltado*, da obra *A vida fala II*, pelo espírito Neio Lúcio, psicografado por Francisco Cândido Xavier: www.febnet.org.br/; conto *O coelhinho branco*, inserido no livro *O besouro Casca-dura*, de Iracema Sapucaia: www.correiofraterno.com.br/; *O passarinho que não cantava*, de Ana Alice Volk: http://www.idelivraria.com.br/

caquinhos de casca de ovo. E para a couve foram utilizados pedacinhos de papel de seda verde.

A criança, enquanto revestia o carneiro com uma daquelas coberturas - a purpurina, a casca de ovo, o papel de seda verde etc. -, compreendia a correspondência, e o mal que cada uma delas causou ao personagem. Quem trabalhou com o algodão sabia, por sua vez, que aquela era a forma como Deus havia criado o carneiro e que, de fato, era a melhor para a sua felicidade. Tinha entendimento do que estava representando e mantinha a consciência sempre presente, acompanhando a ação.

2. História *O coelhinho branco*. Aborda a sintonia espiritual. Há uma coelha-mãe que sai em busca de alimentos e recomenda aos seus três filhotes que se comportem bem na sua ausência. Dois deles são bonzinhos, mas há um terceiro - o coelhinho branco - que é muito levado. Este convence os irmãos a desobedecerem à mãe. Constroem, então, uma jangada e se lançam em um rio. No meio do passeio, quase caem em uma cachoeira. Isso só não acontece porque, diante do perigo, um dos coelhinhos ora a Deus pedindo proteção. Imediatamente é socorrido por um jacaré muito bom que por ali estava. Na verdade, quem induziu o coelhinho branco a realizar essa má ação foi um coelho malvado, desencarnado. Ele encontrou no coelho levado um campo perfeito para atuar.
   A atividade proposta para cada criança consistia em desenhar os três coelhinhos e o coelho desencarnado, recortá-los e afixá-los em uma caixa de fósforos vazia, de forma que ficassem em pé. Como o coelho malvado estava no plano espiritual, as evangelizadoras providenciaram um pequeno cilindro feito de garrafa pet incolor para que ele fosse colocado ali dentro. Nesse tubo elas recortaram uma janelinha.

As crianças, ao produzirem os personagens, colocando-os de pé, sabiam suas referências, isto é, quem fizera o quê.

A parte mais importante dessa atividade foi a montagem da cena na qual se deu a sintonia espiritual.

Foi solicitado aos evangelizandos que colocassem os três coelhinhos diante do coelho desencarnado. Explicando que o cilindro transparente representava o mundo espiritual, as educadoras perguntaram sobre quem ele deveria ser colocado. Todos sabiam que era sobre o coelho malvado. Nesse momento, chamaram a atenção para a janelinha que havia no cilindro. Pegando um fio de nylon, explicaram que representava o *pensamento do coelho malvado* e o prenderam na cabeça desse personagem. As crianças deveriam, então, dizer em qual dos três coelhinhos o fio deveria se prender, o que fizeram com acerto. O objetivo, é claro, era fixar o conceito de sintonia espiritual.

Como nos casos anteriores, em cada etapa finalizada, as crianças sabiam exatamente o significado do que estavam realizando.

3. História *O passarinho que não cantava*. O encontro já começou com Eliane e Leila sugerindo à garotada que montasse uma pecinha de teatro de varas a ser apresentada às turmas do Jardim. Para tanto, a turma deveria criar o cenário a partir de uma caixa de papelão e montar os personagens: todos passarinhos. Para sua confecção elas trouxeram figuras de pássaros já recortadas, peninhas coloridas e cola. As varetas foram feitas de pauzinhos de churrasco.

   No primeiro dia a turma fez o cenário sobre uma parte da caixa de papelão. No outro, os passarinhos. A apresentação, para as duas turmas do Jardim, foi realizada em um terceiro dia. O detalhe importante nesse encontro foi atribuir a cada criança um papel no teatro. Assim, não era um pássaro qualquer que ela estava pre-

parando. Era *o seu personagem*. O mesmo se deu em relação ao cenário: era o palco dos acontecimentos do seu personagem.
As crianças gostaram tanto do resultado que, depois da apresentação, destacaram os passarinhos das varetas e os penduraram em um dos painéis da sala.
Aqui, igualmente, atividade e consciência andaram lado a lado. Um ganho a mais, nessa atividade, foi a seriedade com que cada um assumiu o seu papel diante das crianças do Jardim.

A propósito da confecção desses trabalhos devo ressaltar que, do ponto de vista da estética adulta, estavam bem imperfeitos. No entanto, uma das nossas regras é incentivar sempre a livre expressão da criança através do desenho, da modelagem, ou qualquer expressão artística. Jamais corrigimos ou criticamos sua produção porque entendemos que aquilo é o melhor que ela consegue fazer com o equipamento mental de que dispõe no momento. Além disso, queremos poder utilizar sempre tais recursos como uma forma de linguagem. Críticas geram inibição que irão dificultar, posteriormente, a aprendizagem. Por isso, oriento os educadores a valorizar sempre as produções infantis.

A força dos recursos dramáticos

Quero me deter um pouco mais numa questão ligada a esse último exemplo. Conforme se viu, a base da atividade proposta foi um recurso dramático: o teatro de varas.

A expressão dramática, desde as suas formas mais simples, como a apresentada, até as mais elaboradas, como a peça de teatro, constituem valiosos recursos para promover a aprendizagem, razão pela qual têm lugar de destaque na nossa proposta pedagógica para a evangelização.[28]

Estimulo seu uso desde cedo, começando como uma grande brincadeira. Na nossa turminha de Jardim I, uma das atividades de maior sucesso foi a dramatização de uma história cantada: *As três oncinhas*.[29] Tendo um enredo extremamente simples, é uma narrativa em torno da desobediência e suas consequências. As crianças, cujas idades estão entre quatro e cinco anos, foram inicialmente apresentadas à música que retratava a história. Ouviram-na duas vezes. Depois, Lorena, evangelizadora dessa turma, estabeleceu uma conversa na qual indagava sobre os seus comportamentos no tocante à obediência. Em seguida, sugeriu à turma que fizesse uma dramatização da história.

Antes, porém, ela propôs uma atividade plena de significado: que construíssem juntos, as máscaras que seriam utilizadas na apresentação. Para isso, havia feito todos os preparativos necessários: levou figuras de onças para serem recortadas, papel próprio para ser colado e, durante o desenvolvimento do trabalho, ajudou as crian-

---

28 No livro *Como aprendemos? Teoria e prática na educação espírita*, de minha autoria, há um capítulo no qual faço uma abordagem mais metodológica de uma série de recursos didáticos que podem ser usados na educação espírita infantojuvenil, com destaque para os recursos dramáticos. Editora EME: http://www.editoraeme.com.br/.

29 Esta história faz parte do CD da Sonia da Palma a que me referi anteriormente.

ças na confecção das máscaras. Três crianças se apresentam para fazer a dramatização.

Esta, é claro, foi elementar. As três "oncinhas desobedientes" se limitaram a ficar de pé, em frente à turma, cantar a música com *playback* e representar o ato da desobediência. A atividade foi concluída com todos os demais preparando as próprias máscaras. Na saída, fomos surpreendidos por aquelas oncinhas agitadas, querendo se exibir para os pais que as aguardavam no salão.

Por mais simples que tenha sido essa atividade, nela residem dois aspectos muito importantes para a educação espírita. Um, o fato de apelar para o centramento da atenção infantil sobre o conteúdo que se desejava fosse aprendido: elas sabiam quais os atos errados cometidos pelas oncinhas, enquanto cantavam, representavam ou construíam as máscaras. E outro, dar início a um processo de desinibição da criança. Como os recursos dramáticos são muito úteis na aprendizagem, essa desinibição será fundamental para que, mais adiante, ela não se sinta envergonhada de se expor diante dos demais.

No que tange à tomada de consciência, percebemos que representar um papel, independente da forma ou do tipo de personagem (muitas vezes é um animal), força o aprendiz a focalizar sua atenção naquilo que está fazendo. Assim, ao transmitir ao outro a mensagem trazida pela narrativa, ele próprio é o primeiro a apreendê-la.

Atuar em grupo promove, além disso, a cooperação e a interação social entre os pares. Na nossa última festa de final de ano, a turma do 3º ciclo preparou um jogral no qual havia um narrador cuja fala era a de maior destaque. Para nossa alegria, ao serem distribuídas as frases, uma das integrantes da turma, exatamente a que vive com maiores dificuldades econômicas e que, se mostrara sempre muito tímida, foi a primeira a se apresentar para assumir esse papel. E com que brilho ela o desempenhou no dia da festa!

Dramatizações e jogos dramáticos improvisados ligados aos temas e conceitos que estão sendo trabalhados também se revelam ótimos auxiliares no processo de ensino-aprendizagem. Funcionam bem em várias circunstâncias ou momentos. No início, como uma atividade desencadeadora de discussões e reflexões. Em meio a um encontro, sempre que se percebe a necessidade de corrigir um comportamento inadequado dos educandos, uma aprendizagem equivocada ou uma opinião em desacordo com a doutrina espírita. Podem ser utilizados, também, como forma de fixação daquilo que foi ensinado.

São, em geral, extremamente simples. Cria-se uma situação problema; chamam-se voluntários que queiram desempenhar a cena; explica-se o cenário e a situação criada aos "atores", dando-lhe livre expressão. Eles deverão, não somente representar a cena, como também inventar seus desfechos, apontando soluções.

Como essa técnica se adequa perfeitamente ao aprendizado de valores morais, apresenta excelentes resultados quando se faz a alternância de papéis. Pode-se, por exemplo, criar uma situação em que há dois personagens: um que comete um ato condenável e a sua vítima indefesa; ou um orgulhoso que menospreza uma pessoa humilde; uma pessoa prestativa e outra egoísta, ou algo do gênero. Depois de representarem uma cena, dando-lhe um desfecho, pede-se aos voluntários que troquem de papel. Esse recurso enseja que se reflita sobre o que se passou, podendo resultar em internalização dos valores em questão.

Quando levamos a criança a atuar de forma livre, ela se comporta, em geral, de acordo com os seus sentimentos. Por isso, Eliane e Leila (1º ciclo) já lançaram mão desse recurso para corrigir atitudes egoístas dos seus meninos. Contam-nos que certa vez tiveram que parar o que estavam fazendo e criar uma situação para ser dramatizada por crianças que precisavam rever seus comportamentos. A dramatização, afirmaram, as ajudou nessa hora.

E mais: quando a atividade leva a criança a assumir papéis e viver, na imaginação, situações que estão aquém da sua idade, ela acaba se desenvolvendo social e intelectualmente. Vygotsky afirmava que é como se se esforçasse para realizar um salto acima do nível do seu comportamento habitual.[30] Por exemplo: ser a mãe, a professora, o guarda, o motorista do ônibus etc. Somente através da observação do comportamento desses personagens ela conseguirá imitá-los. Mas colocar-se no lugar do outro exige ir além do ponto onde se encontra. Representar o outro significa saber como ele agiria na situação proposta na brincadeira e isso é algo que vai além do seu próprio repertório. Ou seja, ao fazê-lo, a criança está forçando o desenvolvimento intelectual e social para níveis mais elevados do que o real. Dependendo da situação em jogo, esse desenvolvimento pode alcançar o plano da moralidade. Isso se dá quando na situação proposta há dilemas de ordem moral. Ter que resolvê-los pode, igualmente, forçar o desenvolvimento, desde que sua solução não esteja muito acima do estágio evolutivo da criança.

Em todos esses tipos de recursos aqui arrolados, desponta com força a associação entre atividade e consciência. São, portanto, meios que não devem ser desprezados pelo educador espírita.

---

30 O livro *Vygotsky: uma síntese*, de Jaan Valsiner e René Van der Veer, aborda esse tema e traz um pano de fundo da vida desse autor russo.

PARA ALÉM DA LINGUAGEM ORAL E ESCRITA

O LEITOR DEVE ESTAR LEMBRADO que ao introduzir o item relativo à contribuição da Teoria Histórico-cultural do Desenvolvimento para a aprendizagem citei o pensamento de Vygotsky, segundo o qual, é na interação social e por intermédio do uso dos diferentes tipos de linguagem que o ser humano desenvolve suas funções mentais superiores. As variadas mídias de que hoje dispomos são meios - como a própria palavra diz - que podem ser intencionalmente empregados para se chegar à aprendizagem de conceitos, ao desenvolvimento do raciocínio lógico, do pensamento analítico, à elaboração de críticas, à reflexão, à compreensão, enfim.

A riqueza do material disponível na atualidade, sob a forma de diferentes linguagens, permite ao educador espírita planejar seu trabalho de maneira rica e diversificada. Ao começar a fazer uso de materiais audiovisuais modernos, compatíveis com o que o educando utiliza no seu dia a dia, ele estará favorecendo, cada vez mais, sua aprendizagem. Pode-se garantir que a utilização de tais meios acaba favorecendo o florescimento de novas ideias para o trabalho do próprio educador, principalmente se a sua atuação não for solitária. Na nossa experiência, a socialização das ideias sempre foi o melhor caminho para vê-las se multiplicarem.

Comunicação instantânea: maquetes e similares

Dos múltiplos recursos que utilizamos, desejo destacar o trabalho tridimensional. Seja em forma de maquete ou de representações mais simples, sua realização envolve de tal forma o evangelizando que a aprendizagem se faz de maneira quase instantânea.

Primeiro, porque sua confecção é sempre precedida de algum tipo de caso, história ou explicação. Ele precisa saber o que está fazendo. Segundo, porque cada passo da execução é um estímulo para a construção de conexões mentais, permitindo que ele chegue ao final com uma noção clara do que aquilo representa.

Vejamos dois exemplos:

O resultado do primeiro pode ser visualizado nas fotos abaixo.

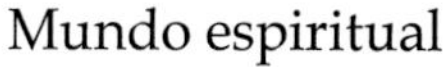
Mundo espiritual

Mundo físico

A ideia era concretizar para as crianças que somos espíritos, viemos do mundo espiritual e para lá um dia voltaremos. Essa atividade foi trabalhada tanto no 1º quanto no 2º ciclo, com níveis pouco diferentes de aprofundamento. Foi necessário que se reunisse todo o material antes dos encontros (o trabalho foi feito em dois sábados). Apresentada a ideia às crianças, a reação foi excelente.

Todos se lançaram à tarefa, feita com a maioria de pé, outros sentados no chão, rindo e brincando. Um trabalho que pensávamos que seria bem simples acabou bem requintado para as faixas etárias a que se destinavam. Elas capricharam na pintura, nos desenhos e nos detalhes.

Nas instruções iniciais as evangelizadoras esclareceram que seriam formados dois grupos, informando ainda que um faria a maquete do mundo espiritual e outro, do mundo físico, material. Com muito empenho as crianças se envolveram na confecção das maquetes. Em ambas havia personagens: na do plano espiritual, uma família que se despedia de um espírito que iria renascer na Terra. Na do material, outra família que se preparava para receber esse espírito. Até mesmo um bercinho foi confeccionado para acolher esse irmãozinho que chegava. No primeiro lar, as despedidas. No segundo, a expectativa da espera. Nos dois, a riqueza dos detalhes, não faltando sequer purpurina no caminho do que saía do mundo espiritual. Afinal, eles foram informados de que tudo o que tem aqui tem lá, só que mais bonito.

As explicações depois de tudo pronto encontram um terreno fértil. A partir das maquetes, colocadas lado a lado, foi possível trabalhar, em cada uma das turmas e de acordo com o entendimento dos evangelizandos, a questão do intercâmbio que se pode estabelecer entre os que reencarnam e os entes queridos que ficam no plano espiritual.

Entenderam, principalmente, que somos espíritos vivendo, por uns tempos, no nosso planeta e que a morte é o retorno ao plano de onde viemos.

A representação dos dois planos da vida, sintetizada nas maquetes ficaram tão esclarecedoras que foram usadas, junto ao grupo de pais, quando foi tratado o tema da vida no mundo espiritual.

Passemos ao segundo exemplo. Ele retrata uma atividade desenvolvida com a turma de Regina e Livia no ano anterior - início do 3º ciclo. Baseada na história *Pedrinho e sua viagem maravilhosa*, tinha por objetivo levar os educandos à compreensão de que, na condição de espíritos, podemos nos desprender durante o sono. Isso envolvia os conceitos de perispírito e de desdobramento. Alguns evangelizandos já os conheciam , mas não de modo sistematizado.

Na história, Pedrinho, o personagem principal, dorme e se transporta, no seu corpo perispiritual, para uma colônia no Mundo Maior, mantendo a ligação com o corpo físico através do cordão de prata. Lá, estabelece contato com pessoas que lhe foram queridas.

Embora o tema principal dessa história seja o da emancipação da alma durante o sono, paralelamente, ela também aborda a comunicação com os entes queridos, a lei de sintonia e a questão da imortalidade da alma.

Eis o resumo da história: Pedrinho, um menino bom e alegre, encontrando-se adoentado, faz uma prece a Deus pedindo que o ajude a sarar logo. Adormecido, vê-se como que voando rumo ao mundo espiritual. A partir de então, a história narra a sua visita a uma cidade encantadora, na qual encontra o espírito daquela que fora sua avó, que lhe presta esclarecimentos sobre como se desenrola a vida naquele plano e sobre o fenômeno da reencarnação. Antes de se despedir do neto, dá-lhe uma série de bons conselhos. Este, ao acordar, lembra-se do ocorrido. Contando para a mãe, essa concorda com ele de que se tratou, mesmo, de uma visita e não de um mero sonho. Felizes, elevam uma prece de agradecimento a Deus.

Para permitir que as crianças concretizassem a ideia da coexistência do mundo material com o mundo espiritual, foi proposta a construção de uma maquete com caixa de papelão, dividida internamente ao meio, com cada lado representando "um mundo." Essa foi a primeira parte da atividade.

Na segunda parte as evangelizadoras propuseram um desafio: como eles iriam representar Pedrinho saindo do corpo, indo para o plano espiritual? Cada um deu um palpite. Uns insistiam que deveria ter um corpo desenhado em papel de seda (eles já haviam feito coisas semelhantes em encontros passados), preso a um fio de nylon, passando pela janela. Outros ficaram em dúvida.

A divisão entre os dois lados da caixa foi feita em plástico transparente. Então, dizendo estar aquela divisão representando "o outro lado", fizeram ver aos meninos que o espírito não precisa de janelas. O perispírito é capaz de ultrapassar as barreiras físicas. Ele passaria pela parede do quarto e entraria na outra dimensão. E assim foi feito, com o auxílio de uma agulha.

Da mesma forma como ocorreu em exemplos anteriores, também nessa atividade o fazer e os questionamentos foram os fios condutores que levaram à aprendizagem. Cada detalhe foi assimilado pela mente, enriquecendo os conceitos trabalhados. Mais do que isso: eles serão, provavelmente, retidos na memória por muito tempo.

Quando as figuras falam

Tudo o que foi afirmado em relação ao material tridimensional também se aplica ao figurativo. Gravuras e fotos relativas a histórias, pessoas, lugares ou fatos substituem palavras, facilitando a apreensão pelo cérebro.

Particularmente útil ao educador nos dias atuais tem sido o emprego das apresentações em PowerPoint - um meio capaz de prender a atenção de quem o assiste e muito utilizado por nós na tarefa da educação infantojuvenil. A variedade de recursos que oferece leva-me a recomendar, a todos que lidam com o ensino, que busquem conhecer e dominar seus processos de preparação.

Apesar da aparente simplicidade do material figurativo, ele nem sempre é bem empregado. Auxiliar importante, sua utilização deve ser seguida de processos mentais que levem a abstrações e a amplas generalizações, o que nem sempre se dá.

Imaginemos uma aula cujo objetivo seja o de passar a ideia de Deus como Criador. Para isso leva-se um cartaz - ou figuras - e deixa-se sua elaboração a cargo da turma. As figuras são: um pinheiro, um ipê florido e uma roseira; uma girafa, um gatinho e uma galinha; uma praia, uma ilha e uma montanha. Se a criança não entender que cada um desses elementos é apenas um exemplo de um todo maior, ela não será capaz de inferir que Deus criou *todas* as plantas, *todos* os animais e *todos* os acidentes geográficos. É de capital importância conduzi-la para o processo de abstração e desse para as generalizações mais amplas. Nesse caso, ela precisa entender que Deus criou tudo, conclusão a que ela facilmente chegará se contar com a intermediação do educador. É ele quem vai tecendo os fios do entendimento ao ampliar os exemplos, ao indagar e pedir à criança, que, por sua vez, também exemplifique.

Essa hora é de uma riqueza imensa, pois oferece a possibilidade de corrigir a formação de conceitos errados. Suponhamos que, no caso dessa aula, alguma criança diga que Deus criou o telefone celular. Esta será uma boa oportunidade para começar a chamar a atenção da turma para a existência de objetos feitos pelo homem, diferenciando-os daqueles feitos por Deus; de dizer que aqueles, apesar de serem feitos a partir de materiais que Deus criou, é produto da inteligência humana, e assim por diante.

Outro aspecto que entendo ser importante destacar é o momento em que entra o elemento figurativo. Em uma interessante pesquisa realizada em sala de aula, um dos colaboradores de Vygotsky[31] comparou duas formas de se trabalhar com esse tipo de material. Na primeira, o professor dava uma detalhada explicação sobre algo e somente depois o apresentava por meios visuais. Estes serviam apenas para consolidar ou concretizar a sua exposição verbal. Na segunda, ao contrário, o elemento figurativo foi apresentado antes. Sua função foi a de estimular o aluno a pensar. O professor apresentava uma figura de um objeto e orientava a turma a observar seus detalhes, a captar sua essência, e, posteriormente, pedia que, a partir das suas observações, os alunos deduzissem as propriedades e as relações nele existentes. Ou seja, o professor, ao ajudá-los a encaminhar a sua atenção para aquilo que era importante, os colocou em uma *atitude ativa* diante do elemento figurativo, permitindo-lhes fazer as inferências necessárias. Usou a palavra para conduzir o processo e não para dar todas as explicações.

A pesquisa apontou que, quando comparados entre si, a aprendizagem que seguia o modelo de aula no qual o material figurativo foi usado depois da fala do professor revelou-se inferior à outra, que usou esse material antes, estimulando o pensamento dos alunos.

---

31 Quem traz essa informação é Vygotsky et alii., no livro *Psicologia e pedagogia. Investigações experimentais sobre problemas didácticos específicos*, pp. 99-122.NKOV, L.V. "Combinações de meios verbais e visuais no ensino".

Foi adotando o segundo modelo que desenvolvi um trabalho junto à turma do 3º ciclo da Juventude, da Vilma, quando a substituí por um tempo. Eu havia conseguido na internet uma apresentação ilustrada, em PowerPoint, do livro *Voltei*, do Irmão Jacob, psicografado por Francisco Cândido Xavier[32]. Os quadros retratando as cenas do livro são vívidos e fiéis às ideias do autor. Dentre eles, ganha destaque os que mostram situações que retratam as nossas relações com o Mundo Maior, a começar pelo fenômeno da desencarnação, seguidas das que revelam a forma como os espíritos bondosos vêm em auxílio dos que acabam de deixar a Terra. Não há praticamente nenhuma cena dentre as retratadas que não tragam informações relevantes para o aprendiz.

A técnica que utilizei no desenvolvimento dessa atividade foi, em primeiro lugar, dividir a projeção em quatro encontros, já pensando no tempo destinado à discussão. Em segundo lugar, projetar a cena e perguntar aos jovens o que eles estavam compreendendo; o que lhes chamava a atenção; qual a explicação que tinham para esse ou aquele aspecto retratado. Só depois de ouvi-los é que complementava ou corrigia, se fosse o caso, a resposta dada. Além do impacto causado, o meio utilizado favoreceu, de forma extraordinária, a aprendizagem.

Voltando à pesquisa, o seu resultado nos revela que a melhor forma de se utilizar os meios visuais a fim de obter bons resultados na aprendizagem é partir sempre do detalhe, do particular, do exemplo para se chegar ao saber sistematizado, ao geral. E, o mais importante, ele demonstra, ainda, que quem ensina deve falar menos, deixando ao aprendiz o trabalho de processar mentalmente as informações para chegar às conclusões previstas.

---

32 Trata-se do *Projeto Imagem*, que será detalhado mais adiante.

Cantando e aprendendo

Embora a música seja um dos recursos mais presentes na tarefa da evangelização infantojuvenil, na maioria das vezes seu uso se restringe à harmonização ou como simples maneira de integração. Além dessa finalidade, há outra de suma importância: a de concorrer para a aprendizagem de novas informações.

Naquele exemplo em que introduzimos o conceito de reencarnação, no qual as crianças se vestiram com trajes de personagens que falavam de sua encarnação passada, utilizamos uma música para dar um fechamento à atividade. Sua letra sintetizava tudo o que elas haviam vivenciado. Apenas para lembrar:

> Já faz tempo, muito tempo/ Antes deste corpo eu usar/ Na espiritualidade/ Eu esperava pra reencarnar./ Escolheram um lar pra mim/ Ai, que bom que pra ele eu vim / Eu nasci bem pequenininho/ E de tudo eu me esqueci/ Vim viver uma vida nova/ Para só o bem eu construir./ Vou crescendo e aprendendo/ Que meu destino é chegar até a luz/ Como guia e bom amigo/ Tenho em meu coração Jesus.

Apresentando uma letra de fácil assimilação, essa música se presta, perfeitamente, como recurso de fixação dos conteúdos aprendidos.

O cancioneiro espírita é rico em músicas que podem ser usadas com essa finalidade. A FEB, há uns anos atrás, lançou uma coleção de CDs, acompanhados de letra e cifras, da saudosa companheira Vilma Macedo. Foram músicas feitas especialmente para serem utilizadas na aprendizagem de conteúdos espíritas por crianças e jovens. Hoje, a internet nos permite encontrar os mais variados tipos e formatos de músicas espíritas (MP3, DVDs e vídeos) que podem ser aproveitadas na evangelização infantojuvenil. Há, inclusive, muitos sites que oferecem também as cifras.

Encontramos, ainda, no campo da música, aquelas que contam uma história. O *Histórias cantadas*, CD de Sonia da Palma[33], a que nos referimos anteriormente, é um excelente recurso para introduzir os assuntos a serem ensinados. Funciona, principalmente, com as turmas do Jardim.

Como as letras são de fácil memorização, em pouco tempo toda a turma está cantando. A partir daí começa o trabalho com o conceito alvo da aprendizagem. A maioria das músicas que compõem esse CD trata da moral cristã ou de conceitos básicos doutrinários.

Costumamos enriquecer as histórias cantadas com ilustração que nós mesmos compomos a partir de figuras copiadas da internet. Uma vez copiadas, fazemos montagens com a letra e a cena correspondente, tanto em PowerPoint, quanto em transparência, para serem usadas, depois, em retroprojetor. Aliás, essa é uma boa maneira de dar utilidade aos antigos aparelhos ainda existentes em muitas casas espíritas. Para as nossas crianças, ver aquelas imagens projetadas por outro aparelho, que não o digital, soa como uma grande novidade.

Paola e Henrique (um colaborador da Juventude), em 2011, fizeram um belo trabalho com as crianças do Jardim II a partir da *História da minhoca*, incluída nesse CD.

Eis a letra da música, seguida de uma transparência criada com a ajuda do Paint, um recurso do Word (Windows):

---

33 Essa companheira mantém um *blog* na internet com músicas para todos os ciclos: musicasparaevangelizacao.blogspot.com.br. Há, também, na internet, um grande número de sites sobre evangelização com sugestões de músicas e outras atividades.

A minhoca era muito vaidosa. /Não fazia nada, como era preguiçosa! /Minhoca, minhoca, vai trabalhar! (bis) / Ao lado da minhoca morava uma lebre. /Quase não comia e tinha muita febre. /Lebre, lebre, vai se cuidar! (bis)/ Legumes e verduras vão seu caso resolver: /Sopa, salada, ensopado (bis) /Agora a lebre é amiga da minhoca/Comeu uns bons quitutes da vizinha prestimosa. /E a história a-ca-bou!

Um dia na horta a lebre desmaiou
A minhoca assustada o doutor chamou
Doutor, doutor, vem socorrer!
Doutor, doutor, vem socorrer!

A atividade que se seguiu previa, inicialmente, a confecção de legumes e frutas com massa plástica. Em um segundo momento, os evangelizadores levaram frutas cortadinhas e palitos grandes para que as crianças montassem espetinhos. Ao término, elas poderiam escolher uma pessoa e presenteá-la com um deles.

Sobre o uso da música como forma de ensinar um dado conteúdo, gostaria de lembrar que o processo é o mesmo como o de qualquer outro recurso. Por isso, sugiro cantar, depois fazer perguntas que apurem o seu nível de compreensão do que estão cantando, chamando a atenção para o que diz a letra; confirmar os acertos e corrigir os erros, cantar novamente para fixar os conteúdos e depois cantar por puro prazer.

Na nossa casa espírita se canta muito nos momentos de harmonização. E nos que antecedem os nossos trabalhos não é diferente. Cantamos para criar um ambiente agradável a quem chega; para passar mensagens cristãs; para trazer a figura do Mestre Jesus para perto de nós; para harmonizar e concentrar nossos pensamentos e cantamos, principalmente, para trazer alegria, nos conectando com os amigos do Mais Alto. São instantes de intensa comunhão: pais, avós e educadores juntam suas vozes às das crianças e jovens.

Ao longo do tempo fomos acumulando um vasto repertório de músicas do cancioneiro espírita. Depois de digitalizadas, elas foram transpostas para as mídias adequadas (CD, *pendrive*, MP3, *notebook* etc.) tendo suas letras apresentadas em forma de *slide*s do PowerPoint e projetadas no salão. Escolhemos para cada uma delas um fundo bem sugestivo. Assim, podemos sincronizar letra e música. Quando temos alguém para tocar um instrumento, ficamos somente com a apresentação visual.

É inacreditável a alegria que as crianças expressam ao cantar. Gostam tanto, que tivemos que fazer gravações para que pudessem levar para casa.

Como na sequência das músicas há uma gradação que vai das mais animadas para as mais calmas, chegamos ao momento da prece e do passe com o grupo bem sereno, e preparado para receber as bênçãos do Alto.

Mídias eletrônicas

A recente expansão da produção de filmes voltados para a temática espírita ou espiritualista, as inúmeras maneiras de que hoje se dispõe para obtê-los, a facilidade de baixar vídeos da internet sobre os mais variados temas e as múltiplas possibilidades de reprodução dessas mídias vieram mudar, definitivamente, as nossas formas de nos relacionarmos com as fontes de obtenção de conhecimento. Diante do volume de informações colocadas ao nosso alcance, talvez uma das nossas maiores dificuldades seja a de saber selecioná-las. Por vezes faltam-nos espírito crítico ou embasamento para tanto.

Contudo, é inegável a riqueza de material que existe à disposição dos que trabalham na seara da educação espírita, seja em que nível for.

No desenrolar da nossa proposta jamais abrimos mão desses meios. Mesmo no tempo em que só se contava com fitas de vídeo, eu já fazia uso de filmes sobre a vida de Jesus; sobre Kardec e a codificação da doutrina espírita; biografias de vultos de destaque, entre outros.

Diante de tantos recursos - filmes comerciais em DVDs, vídeos e áudios disponíveis na internet, *softwares* computacionais como o PowerPoint , o Pagemaker, e outros - nossa equipe acabou se habituando a explorar esse tipo de material de diversas maneiras.

Às vezes selecionamos um ou vários trechos de um filme para iniciar um tema. A partir daí surgem explicações, perguntas, discussões, que são mais profundas quanto mais adiantada for a turma.

Outras vezes explora-se um filme inteiro ao longo de vários encontros.

Para os menores, além de pequenos trechos de filmes ou de vídeos, também são utilizados filmes de curta duração abordando mensagens edificantes, que eles adoram ver mais de uma vez. Sabemos o poder que têm as imagens. Muitas vezes, sequer imaginamos o alcance produzido por uma cena de filme na mente do espectador. Conta-nos Mônica, uma mãe muito participativa do nosso grupo de pais, a reação do seu filho Lucas (à época com cinco anos), ao chegar à casa depois de ter assistido a um trecho do filme *Chico Xavier* no qual o médium, ainda menino, vê e conversa com sua mãe: "Mãe, você sabia que ninguém morre de verdade? O Chico conversava todo dia com a mãe dele que já tinha morrido.", disse ele agitadíssimo. Daí em diante não parou mais de contar tudo o que vira.

Por intermédio da internet, é facílimo encontrar, comprar, baixar ou assistir os mais variados tipos de filmes e vídeos. Estes são recursos capazes de desencadear e promover o aprendizado dos mais diversos temas. Até mesmo trechos de noticiários já foram empregados na nossa evangelização para provocar uma discussão de algum tema polêmico.

Há, ainda, muitas mensagens interessantes no formato de PowerPoint mas, nesse setor, quero destacar o projeto que reproduziu, em imagens, o livro *Voltei*, ao qual já me referi. Trata-se do Projeto Imagem[34] e, como vimos, pode causar grande impacto a quem assiste às suas apresentações.

Mantendo a fidelidade aos textos, livros clássicos da literatura espírita - como as obras de André Luiz e os romances de Emmanuel, dentre outros - foram magnificamente ilustrados por artistas espíritas que submeteram suas obras à apreciação da FEB, dela obtendo a aprovação.

Em 2012, depois que nós havíamos trabalhado o livro *Voltei*, com excelente receptividade, a própria Vilma, evangelizadora dessa turma, apresentou a versão do Projeto Imagem da obra de André Luiz *A vida continua*, despertando, igualmente, enorme interesse. Como no caso anterior, também aqui se verificou alto nível de aprendizagem.

Na turma do 1º ciclo da Juventude, a evangelizadora trabalhou da mesma forma o livro *Os mensageiros*. Por se tratar de um grupo cuja faixa etária é muito abrangente (de 13 a 18 anos) e que congrega jovens que começaram a frequentar a evangelização há pouco

34 http://www.projetoimagem.com.br/ acessado em 14 de janeiro de 2013.

tempo, algumas passagens não foram bem compreendidas, o que a levou a rever conteúdos básicos. As dúvidas e os debates suscitados pela apresentação ilustrada do livro foram fundamentais para o nivelamento da turma e o avanço na aprendizagem dos conteúdos doutrinários que se pretendia ensinar.

Não ignoro que nem todas as instituições espíritas contam com equipamento para projeção digital ou para reprodução de filmes e DVDs. Nesses casos, sugiro que as apresentações sejam feitas em *notebook* ou em TV. Mas não me furto de dizer que todo esforço é válido no sentido de prover as instituições desses equipamentos.

Além dessas mídias, há evidentemente aquela que veio revolucionar o nosso modo de vida no século atual: a internet.

Internet: uma rede de possibilidades

Não é meu propósito fazer uma análise detalhada desse recurso, devido à extensão do tema e à complexidade que comporta. Não posso, no entanto, deixar de abordá-lo, quer pelo fato de ser um poderoso meio de obtenção de informação, quer pela existência das redes sociais.

É inegável o fascínio que a internet exerce sobre os jovens. Por isso, não me espantei quando Maria Eduarda, ao passar de auxiliar nas pequenas tarefas da equipe da evangelização, para a condição de evangelizadora, não titubeou em trazer para a nossa primeira reunião de planejamento uma aula pronta, baixada da internet. Aos 21 anos, domina muito bem os recursos da *web*. Ainda hoje, lembro-me, constrangida, da decepção que lhe causei ao afirmar que teríamos condições de criar, nós próprias, os meios didáticos. Só não me senti pior porque o resultado dessa recusa foi excelente. Ao passar a entender a forma como trabalhamos e por que fazemos assim, ela se tornou uma das mais criativas evangelizadoras da equipe. Agora, no que se refere à evangelização, ela usa a internet para enriquecer suas ideias ao preparar os encontros com a sua turma (como veremos mais adiante), para passar mensagens relevantes, para dar avisos e até mesmo para incentivar seus colegas a praticarem a caridade, como em um exemplo já mostrado.

Qual é o problema de se baixar aulas prontas? É o que o leitor talvez se pergunte. A resposta não é simples e pode ser resumida no seguinte conselho: tenha cuidado. Veja tudo com olhos críticos. Primeiro, porque nem tudo o que se diz espírita o é, de fato. E nós temos a obrigação de sermos fiéis ao conteúdo doutrinário espírita. Segundo, porque a turma a que aquela aula se destina pode ser muito diferente daquela para a qual ela foi planejada. Cada turma tem um perfil; os educandos podem estar em patamares diferentes; ter outro tipo de interesses e, principalmente, de necessidades. Então, se o que se viu na internet é interessante, procure adaptar as ideias apresentadas à sua turma. Respeite a especificidade dela. Não se contente em copiar: busque criar.

Mas as dificuldades não param aqui. Saiba selecionar o material de forma crítica: é bom? Desperta o interesse? É criativo? Permite uma participação ativa do educando? O conteúdo é adequado ao nível da turma? O conteúdo é doutrinariamente correto? Posso adaptá-lo à minha turma? Essas são questões básicas que deveriam nortear qualquer seleção, pois sabemos que o ciberespaço aceita tudo. Por isso, é primordial que saibamos analisar seus conteúdos. Não dá para se ter um olhar ingênuo diante da tela de um computador. É preciso ser crítico.

Com essas ressalvas, o uso da internet é uma das melhores ferramentas de que dispomos para as nossas pesquisas, seja de informações, de material ilustrativo, de recursos midiáticos como os que vimos anteriormente, seja para o contato interativo. Com a possibilidade de troca de informação instantânea, pelos mais diversos instrumentos, a *web* nos permite agilizar o tempo e disseminar informações, por exemplo, entre os membros das equipes da evangelização. Quantas vezes nós dela temos feito uso nesse sentido!

Um dos exemplos dessa utilização pode ser visto na forma como Maria Eduarda montou as fichas daquele encontro sobre existências passadas. Aquele formato é próprio de certas redes sociais e provoca um sentimento de aproximação com o educando. Soa familiar.

Sabemos que já há inúmeras casas espíritas que utilizam a internet durante os encontros com os evangelizandos, com diferentes finalidades: ler trechos de livros, de artigos, de discussões arquivadas; assistir palestras, vídeos, filmes, apresentações em PowerPoint e tudo o mais de positivo que ela possibilita ao usuário. Naturalmente, esses recursos também estão disponíveis para o educador, que deles deveria fazer uso como meios de autoaprimoramento, inclusive dos cursos *on-line*. Entendendo e lamentando as limitações financeiras, assim como as dificuldades técnicas de instalação da internet na maioria das casas espíritas, não tenho dúvida em confirmar o quanto achamos ricos os recursos que ela coloca ao alcance de quem ensina.

Apesar dessa riqueza, a internet tem também seus pontos de vulnerabilidade. Aqui quero me deter nos representados pelas redes sociais, em especial, pelo Facebook e a sua relação com o nosso trabalho de educação espírita infantojuvenil.

É fora de dúvida o fato de que é um meio de aproximar pessoas, mantendo-as informadas a respeito dos fatos do cotidiano de cada um. Essa característica favorece a que se tenha o Facebook como uma grande vitrine, onde fatos da vida particular acabam se tornando públicos (por mero desejo de quem as publica, diga-se de passagem). Lembrando que somos educadores de almas, que temos que zelar por esse papel junto àqueles que nos foram entregues por pais confiantes, é vital para a manutenção dessa confiança que saibamos nos portar diante dessas redes. Aquela vitrine deve espelhar a nossa vida e essa, pela própria natureza do compromisso que assumimos com Jesus, somente deveria retratar nossas ações no bem. Nossos pensamentos, nossas mensagens, tudo aquilo que criamos ou compartilhamos deveria servir para elevar o espírito de quem nos lê; nossas palavras deveriam ser somente as de incentivo. Enfim, deveríamos ter sempre claro, em nossas mentes, que somos porta-vozes do espiritismo e da mensagem do Cristo, agindo de conformidade com essa missão.

ATIVIDADE COMPARTILHADA

Retomando o embasamento que fundamenta nossa prática, vejamos mais uma contribuição da Teoria Histórico-cultural.

O leitor deve estar lembrado daquela experiência de psicografia já apresentada. Houve um momento em que um dos meninos dizia "Isso é psico...psico...", dando mostras de que sabia mais ou menos do que se tratava. Na verdade, este é um exemplo perfeito de outra descoberta do Vygotsky: a de que, às vezes, precisamos de apenas um empurrãozinho para aprendermos determinada coisa[35].

Basta um empurrãozinho

Provavelmente aquele menino não tentaria se lembrar da palavra psicografia se não estivesse naquela situação. Foi preciso que houvesse o estímulo externo, configurado não só na cena, como também na ação instigadora da educadora, para que fizesse brotar na sua mente o nome do fenômeno, ainda que de forma incompleta. A maneira como falava "psico..." dava a entender que sabia haver um complemento.

Esse "empurrãozinho" pode vir na figura de uma pergunta, de uma situação-problema, de uma dramatização (como foi o caso), de

35 As investigações de Vygotsky e as de seus colaboradores os levaram a perceber que aquilo que uma criança não é capaz de fazer sozinha, poderá desempenhar com a ajuda de um adulto (ou alguém mais adiantado do que ela). Perguntas-guia, exemplos e demonstrações constituem o cerne dessa ajuda. A essa ideia ele deu o nome de **zona de desenvolvimento proximal.** Vygotsky, L. *A formação social da mente.*

um jogo... É como se a pessoa estivesse quase pronta para compreender. O próprio fazer vai forçando a sua mente no sentido de realizar um salto qualitativo que resultará na aprendizagem. Em geral, esse processo é mediado por um professor e pressupõe intencionalidade.

No entanto, afirmam alguns pesquisadores da visão teórica histórico-cultural do desenvolvimento, que sua ocorrência é comum quando se propõem tarefas para serem compartilhadas por dois ou mais educandos.

Vale a pena conhecer alguns experimentos realizados por esses teóricos.

Em um deles[36], o professor atuava diretamente com um aluno a quem era proposta a realização de uma tarefa. Este, posteriormente, teria que repetir com o colega o que o professor fizera com ele. O papel do professor consistia, sobretudo, em fazer perguntas. À medida que o aluno ia encontrando as respostas, compreendia a lógica da tarefa. Como consequência, ia se libertando da direção do professor. O processo de tutoramento do colega evoluiu desde a simples determinação dos passos a serem seguidos até uma atitude mais semelhante à que o professor tivera com ele.

Esse resultado nos sugere que façamos o mesmo na evangelização espírita, sobretudo entre as turmas de juventude. O fato de ter que expressar o seu pensamento para outras pessoas a ajuda a organizar o seu próprio, ampliando o seu nível de compreensão.

Dependendo do grau de conhecimento de cada um, trabalhar em duplas pode favorecer a aprendizagem de ambos, uma vez que ora é um que ensina e o outro aprende, ora é o contrário. Tal prática pode ser implementada em várias situações, sobretudo quando temos turmas de escolaridades e situações socioeconômicas muito diversas.

---

36 A pesquisa foi feita por Ellice Forman e Courtney Cazden e constitui um capítulo do livro *Culture, communication and cognition: Vygotskian perspectives*, de James V. Wertsch, páginas 323 a 347.

A esse propósito, temos nos estudos mais recentes dos seguidores de Vygotsky bases seguras para afirmar que é muito bom poder trabalhar com educandos de diferentes *backgrounds* e diferentes níveis de desenvolvimento intelectual. Sustentam eles que o companheiro mais experiente influencia, com seu ponto de vista, o menos experiente, levando-o a apropriar-se de conhecimentos de que antes não dispunha. A tarefa de aprendizagem fica mais fácil com a troca.

Trazendo este conhecimento para a nossa prática na casa espírita, e lembrando que o nosso trabalho tem na moral cristã um dos seus pilares, podemos criar situações para serem vivenciadas ou dramatizadas, em duplas, com essas diferenças. Talvez nos surpreendamos ao verificar que, em se tratando de vida, os de condição mais humilde tenham mais para oferecer dos que os que gozam de uma posição socioeconômica mais privilegiada.

Outra razão para se propor tarefas compartilhadas está ligada à frequência dos evangelizandos. Sabemos que essa, em geral, é oscilante. Se a turma vai em frente e há alguém que falta a uma série de encontros, é possível que comece a haver lacunas no seu conhecimento. Ao compartilhar tarefas que exigem aquele conhecimento que foi perdido, o faltoso pode se beneficiar das explicações daqueles que são mais presentes.

Também ajuda bastante manter nas paredes, nos murais, e nas prateleiras da sala o produto dos trabalhos realizados pela turma. Quando alguém retorna depois de ter perdido explicações básicas, pode-se pedir aos colegas que esclareçam aquele conteúdo, apoiando-se nesse material que ficou visível.

Não bastasse tudo o que já foi apresentado, é necessário considerar que o trabalho pedagógico, feito sob a forma de ação compartilhada é um verdadeiro canal de transmissão cultural. Por meio dele, algumas formas de proceder estabelecidas culturalmente acabam sendo compartilhadas por outros que não as conhecem, através da interação dos participantes.

Transferindo esse apontamento para a nossa prática, poderíamos dizer que o educando, nessa forma de organização, tem a oportunidade de expressar certas lógicas, certos raciocínios e certas formas de abordagem de problemas que são trazidos do seu meio sociocultural.

Em um dos nossos encontros coletivos que às vezes promovemos na nossa instituição, estávamos tratando de temas ecológicos. Mais especificamente, do uso racional da água, quando um dos nossos meninos, morador da comunidade disse: - "Lá em casa nós bebemos água *de poço*.". Imediatamente, um colega, oriundo de uma família de classe média, retrucou: - "Água *da poça* é suja de lama. Não dá para beber." Notei, de imediato, que a palavra poço lhe era desconhecida. Daí para diante, com o meu incentivo, o primeiro menino passou a explicar o que é poço, como se faz para pegar a água, e, principalmente, porque na sua casa é esse o sistema de obtenção da água, dando-nos ensejo de aprofundar as explicações e, principalmente, de levar a maioria da turma (de classe média) a perceber as desigualdades sociais e o quanto deve se reconhecer privilegiada.

O êxito do grupo aumenta o envolvimento

Outra pesquisa realizada pelos investigadores da psicologia histórico-cultural[37] mostra o que fazer para conseguir o envolvimento dos educandos nas tarefas educacionais. O pesquisador teve por objetivo identificar os mecanismos psicológicos que favorecem o

37 Pesquisa feita por Vitaly Rubtsov e R. Guzman: "Psychological characteristics of the methods pupils use to organize joint activity in dealing with a school task", publicada na revista *Soviet Psychology*.

bom desempenho na resolução de tarefas feitas conjuntamente. O procedimento utilizado envolvia a realização de uma tarefa motora, por duplas de crianças (idade entre 8 e 14 anos). A consecução plena da atividade dependia de haver uma coordenação mútua entre as ações dos participantes.

Os resultados evidenciaram que o fato de não conseguir realizar satisfatoriamente a tarefa fazia aumentar o jogo de culpa entre eles. Entretanto, toda vez que obtinham êxito, crescia o envolvimento de cada um na busca da solução. Mesmo quando algo não saía muito bem, havia uma tendência para continuar nesta busca.

Ou seja, nós não só devemos estimular tarefas compartilhadas, como também criar mecanismos para que elas sejam bem-sucedidas. Significa dizer que devemos prover os meios, dar pistas, sugestões para que se obtenha resultados favoráveis.

Variadas são as sugestões dadas pelos pesquisadores para a prática da atividade compartilhada[38]. Repartir as posições das crianças pelas atividades, de forma que cada uma tenha um ponto de vista diferente ao começá-la ou distribuir os papéis entre os participantes são duas das mais comuns.

Para finalizar esse tópico, são apresentadas quatro recomendações que os pesquisadores fazem acerca do trabalho em grupo. São elas:

1. Deixar bem claro aonde se quer chegar e quais as ações individuais esperadas de cada participante. Se possível, oferecer modelos, desenhos etc.;
2. Fazer a divisão e o rodízio das ações entre os parceiros;

---

38 Pesquisa feita por Irene Rivina: "L'organization des activités en commun et le développement cognitif des jeunes élèves", inserida no livro de Catherine Garnier intitulado *Après Vygotski et Piaget. Perspectives sociale et constructiviste. Écoles russe et occidentale.*

3. Se a turma já trabalha sempre em grupo, é bom criar uma situação nova, (situação problema) provocando uma necessidade de reconstrução da interação habitual;
4. A apresentação da produção do grupo de uma forma diferente, mais lúdica ou expressiva.

Os resultados encontrados por esses pesquisadores apontam a eficácia da atividade compartilhada na aquisição de conhecimento. Pudemos constatar a veracidade dessa conclusão no final de 2012, quando a turma do último ciclo da Juventude passou pela experiência de aprender a preparar palestras. Vilma já vinha com o grupo há muitos anos. Sabia que a maioria era detentora de um bom conhecimento da doutrina espírita e entendeu que muitos estavam prontos para começar a ser tarefeiro na Casa. Preparou, então, um minicurso de oratória. Dividiu a turma em equipes. Essas deveriam escolher um tema dentro do Evangelho e prepará-lo para uma apresentação. O ponto alto seria o momento da apresentação para os demais colegas, feita por um voluntário da equipe. Foi um sucesso. O trabalho em grupo beneficiou a todos.

Jogos e brincadeiras, as cores vibrantes da alegria

Antes de mais nada, é sempre bom esclarecer que, em psicologia, a palavra jogo é empregada para significar atividade lúdica. Na proposta que desenvolvemos, incentivo o uso de jogos, brincadeiras e dinâmicas de grupo por reconhecer o papel que desempenham nos processos de aprendizagem. A vantagem mais visível desses recursos é despertar a motivação.

A criança brinca porque isso lhe dá prazer. Fazer um gol, ganhar uma partida, fingir-se de artista são exemplos de situações nas quais seu cérebro recebe uma descarga de dopamina - o neurotransmissor do prazer - provocando-lhe o desejo de brincar mais. Se a brincadeira está inserida em um contexto de aprendizagem, ela aprende brincando. Temos inúmeros exemplos de encontros realizados em todas as turmas nos quais as crianças e os jovens puderam aprender ou fixar a aprendizagem mediante algum tipo de jogo.

Toda criança brinca. Aqui vamos nos deter naquelas brincadeiras que são feitas coletivamente e que têm regras, por serem potencialmente capazes de promover o desenvolvimento infantil.

Nessas, é comum haver situações ou papéis indesejados. Mas regra é regra: ou a criança as aceita, ou está fora da brincadeira. Na maior parte das vezes ela concorda em permanecer pelo prazer que sente em brincar. Nessa hora, os próprios companheiros irão forçá-la a aceitar e a seguir as regras propostas. Pensemos, por exemplo, na brincadeira do pique: embora ninguém goste de ser o pegador, se a criança for apanhada, terá que sê-lo. Ou, na brincadeira de pular corda: duas pessoas têm que concordar em bater para o outro pular. A troca de papéis é cobrada de todos. Do ponto de vista do desenvolvimento moral, há em todos eles um elemento valioso: a internalização que surge em função do acatamento das regras.[39]

Se dependesse da criança, ela somente faria a parte do jogo que lhe dá prazer e se retiraria nas demais. Aquele momento em que é obrigada a fazer o que não gosta para continuar brincando (e, sobretudo, para continuar sendo aceita pelo grupo) é extraordinário para o exercício do controle da vontade e da renúncia. Ali ela aprende a controlar as frustrações, algo muito importante no início da sua caminhada para a vida em sociedade.

---

39 Além de um capítulo do próprio Vygotsky sobre o papel do jogo como um elemento capaz de desencadear o desenvolvimento (Vygotsky, 1984, cap. 7), há outro de Leontiev (In: Vygotsky e outros, 1988, cap. 7). São leituras muito ricas para os educadores em geral, e em particular, para os que lidam com crianças pequenas.

Nesse tipo de atividade também está presente o princípio da reciprocidade. Brincando ela vai aprendendo que "eu faço para o outro e o outro faz para mim." E então, sem que se aperceba, a criança vai saindo do egoísmo para o altruísmo, o que representa razão de sobra para estimularmos as atividades envolvendo jogos e brincadeiras, em casa ou nas atividades educacionais da casa espírita.

Convencida da importância da atividade lúdica, desde o tempo em que comecei a atuar na área da evangelização infantil, tenho a preocupação de providenciar um caixote grande de brinquedos e deixá-lo à disposição das crianças que chegam, enquanto esperam o início da harmonização. É a nossa forma de recebê-las. Além das bonecas e carrinhos, não faltam as cordas para pular, os joguinhos como o da memória, loto, uno, e tantos outros brinquedos capazes de agregar as crianças, estimulando o aprendizado das regras. É, além disso, um importante auxiliar para desinibir os mais tímidos, entrosando-os com os colegas.

Outro aspecto a ser destacado nas brincadeiras é o fato de permitir à criança se mostrar tal qual é, sem disfarces. Quantas vezes já não ouvimos uma criança dizer "eu estava só brincando", quando se comporta mal em relação a alguém? Quando bate em outra? Um educador atento sabe interpretar este tipo de atitude e se preocupa em auxiliá-la a modificar o seu modo de agir.

Na nossa prática, aprendemos muito acerca do que vai no coração da criança observando-a brincar.

Dinâmicas de grupo como via de autoconhecimento

Dentre as atividades compartilhadas, uma das que maior poder de atração exerce sobre quem trabalha com jovens é a dinâmica de grupo.

Muito difundida nos meios empresariais, hoje se contam às centenas as sugestões para a sua realização. Prestam-se aos mais diferentes fins: apresentação dos membros de um grupo, quebra-gelo, provocação de uma discussão, reflexão acerca de dificuldades que o grupo enfrenta, e muito mais.

Na nossa proposta, seu uso tem sido feito a partir da turma do 2º ciclo da Infância. É, contudo, junto às turmas da Juventude que ela alcança maior receptividade, e por consequência, é mais frequente.

A internet é pródiga em contribuições de técnicas para os mais diferentes fins. Cumpre-nos saber selecioná-las e adaptá-las aos nossos interesses e às características dos nossos educandos.

Apesar de já termos usado dinâmicas para apresentação ou aproximação dos participantes do grupo, interessa-me, particularmente aqui, apreciar a sua aplicação para desencadear uma reflexão.

Próximo ao final de 2012, Maria Eduarda e Sueli, que costumam usar dinâmicas simples em suas aulas, planejaram uma que, a princípio, nada tinha de especial. Essa atividade foi realizada como complemento ao estudo do livro *Não tenha medo dos espíritos*, que já vinha sendo discutido há duas semanas. Nele, o personagem principal, na encarnação anterior, cometera faltas graves, prejudicando o próximo e malbaratando a própria saúde, e usara caminhos mais "fáceis" para atingir seus objetivos, ferindo os outros a sua volta.

O ambiente foi previamente preparado, de sorte que, ao entrar na sala, os meninos viam as bexigas penduradas no teto. Todas da mesma cor, umas com barbantes compridos, até o chão, e outras com barbantes bem curtos, encontravam-se espalhadas por todo teto de maneira aleatória.

Dentro das bexigas com o barbante comprido colocamos um papel com uma palavra que correspondia a alguma atitude ruim que as pessoas tomam para obter vantagens, como mentir, roubar, trair, caluniar etc. E das outras, com o barbante curto, as palavras se relacionavam a valores positivos: companheirismo, honestidade, amizade etc. Como grande diferencial, dentro dessas havia ainda uma guloseima (um biscoitinho coberto de chocolate).

Terminada a apresentação da parte da história relativa ao tema daquele dia – nossas opções e suas consequências – as evangelizadoras iniciaram uma conversa sobre os caminhos pelos quais optamos. Falaram da existência daqueles que nos seduzem mais pela facilidade que apresentam, trazendo, por vezes, benefícios mais rápidos, como mentir quando não quer ser pego em algo que foi feito errado; trapacear quando se deseja vencer; roubar quando se sonha em ter algo que não se pode comprar. Também falaram dos caminhos mais difíceis, que exigem mais esforço, como se dedicar aos estudos para ter um bom futuro; lealdade em suas amizades; honestidade nas relações. Concluíram, abordando a necessidade que todos temos de trilhar sempre o caminho do bem, por maiores que sejam suas exigências, e por mais dificultoso que seja. Ressaltaram que as vantagens dos caminhos curtos são passageiras, lembrando a todos que o sacrifício e a energia que empregamos para andar no caminho "difícil" são sempre recompensados.

Quando os evangelizandos entraram na sala, espertos que são, repararam que as bexigas continham chocolates e que aquela atividade poderia lhes render um prêmio. Viram, ainda, que elas estavam colocadas de tal forma, que alguns caíam em seus colos.

Durante a conversa sobre o assunto, não paravam de perguntar a que horas poderiam pegar os balões (e os bombons). Quando finalmente foi dada a autorização para que cada um pegasse um barbante, puxando a bexiga, eles não saíram do lugar. Sentados em suas cadeiras, tiveram apenas o trabalho de escolher o barbante que estava mais próximo de seus corpos e puxaram a corda. Todas as crianças presentes agiram dessa forma. Ninguém se lembrou da conversa sobre os caminhos e opções da vida.

Ao estourar a bexiga e se deparar com uma ação ruim, escrita no papel e, principalmente, ao não encontrar o bombom, ficaram incrédulos e totalmente decepcionados.

Eis como Maria Eduarda descreveu esta cena:

> Rimos e relembramos nossa conversa: "Às vezes, o caminho mais fácil nem sempre é o mais vantajoso para nossa vida". Não

> foi necessário dizer mais nada. Na hora, foi como se a mensagem tivesse estalado e se instalado na cabecinha de cada um. - Ahhhh!!! Entendi!! - disse Giovani.
> Permitimos que eles escolhessem outra bexiga e todos foram nos barbantes mais curtos, por mais que tivessem dificuldades. Pularam, subiram em cadeiras, pediram ajuda para as evangelizadoras e, no final, todos tiveram seu chocolate e a mensagem internalizada.

O que há de relevante nesse exemplo é o fato de ter causado uma reação imediata nos participantes. Os comportamentos assumidos inicialmente demonstraram, com clareza, o que ia no íntimo de cada um. Podemos dizer que a dinâmica funcionou como um espelho, permitindo aos evangelizandos rever suas atitudes diante da vida.

Esse deveria ser, a meu ver, um dos principais papéis das dinâmicas de grupo: criar situações que acabem ajudando ao participante a ter uma visão mais objetiva de si mesmo. Em outras palavras. Favorecer o autoconhecimento.

CRIATIVIDADE

No 3° Congresso Espírita do Estado do Rio de Janeiro, ocorrido em outubro de 2012, no Rio, fui convidada para apresentar esta proposta de evangelização infantojuvenil aos dirigentes espíritas.

Aceitando o convite, preparei uma apresentação em PowerPoint. Depois das considerações iniciais, passei a mostrar como trabalhamos. As fotos se sucediam. Retratavam encontros realizados em todas as turmas. De repente, uma mão levantada. Um senhor, que dirigia uma instituição de uma cidade próxima, me questiona: "A senhora faz tudo isso porque tem uma equipe muito criativa. E nós, que não contamos com pessoas assim? Como vamos conseguir fazer desse jeito?"

Em virtude da escassez de tempo, não pude dar a resposta adequada. O certo teria sido explicar que todos nós podemos ser criativos; que a criatividade exige um exercício constante.

Gostaria, ainda, de lhe ter dito que o fato de não fazermos uso de aulas prontas faz com que as evangelizadoras busquem, elas próprias, nas suas mentes, formas interessantes de abordar os temas que desejam trabalhar.

Profusão de criatividade

Solicitei a Paola para fazer um relato sucinto de uma sequência de encontros criativos que ela e Gabriela planejaram para a sua turma (Jardim II, com crianças de seis e sete anos). Ei-lo na íntegra.

"Aproveitando o período dos jogos paralímpicos que ocorreu em Londres entre os dias 29 de agosto e 9 de setembro de 2012, elegemos o tema "Ser diferente" para trabalharmos com as nossas crianças. O objetivo era levá-las a perceber que somos diferentes e que as pessoas com deficiência podem fazer muitas coisas. Para isso realizamos uma atividades na qual as crianças deveriam cumprir ordens tendo algum tipo de limitação. Exemplo: desembrulhar uma bala com uma das mãos, andar pulando com uma perna só, andar com os olhos vendados, descobrir o que o colega está querendo transmitir usando gestos, entre outros. Também passamos cenas transmitidas na televisão sobre os jogos paralímpicos. As crianças demonstraram estar no "clima" das olimpíadas. Relataram algumas situações que assistiram pela televisão.

Então, conversamos na aula seguinte sobre respeito e amizade pelas pessoas que nasceram especiais. Contamos a história do sapo que não enxergava direito: *O sapinho Quá-Quá*. A história foi contada utilizando sapos de brinquedo (uns de pelúcia, outros de tecido comum, outros ainda, de borracha). Na história, o sapinho precisava usar óculos! Ensinamos, então, à turma, como se faz um sapinho em dobradura. Algo muito simples. Em pouco tempo, havia uma profusão de sapos na sala. Como já havíamos trabalhado o tema *família*, aquela foi uma ótima oportunidade para reforçar o aprendizado. Aproveitamos o material e montamos um painel com a família do Quá-Quá. No final da aula, de forma espontânea, vimos que estava acontecendo uma brincadeira para ver quem saltava mais alto, imitando um sapo. Rimos e apreciamos. Afinal, eles necessitam se movimentar em sala.

Na aula seguinte, levamos o livro *O carneiro revoltado* em Braille e texturizado. Queríamos que as crianças compreendessem como o deficiente visual consegue ler. Contamos a história mostrando a importância do nosso corpo para nossa evolução.

Aproveitamos para levar os instrumentos que são utilizados para se escrever em Braille: a reglete e a punção. Com pedacinhos de papel apropriado, ajudamos cada um a escrever o seu nome. Eles adoraram! Desta forma, foi criado um clima propício para falarmos um pouco mais sobre a deficiência visual.

Aproveitando que estávamos tratando de deficiências que se manifestam no corpo, na aula seguinte abordamos a questão da alimentação saudável. Lembramos a todos que Deus criou os alimentos que fazem bem para o nosso corpo. E como a turma gosta muito de atividades dinâmicas, levamos fantoches de frutas e legumes para fazer uma dramatização improvisada. Dividimos o grupo em dois: frutas e legumes. Em pouco tempo e de modo bem criativo, eles inventaram uma historinha com os fantoches. Essa atividade terminou com a apresentação do vídeo da música *O que tem na sopa?*[40], com todos cantando."

Criatividade ao alcance de todos

O Espiritismo nos esclarece que trazemos tendências e inclinações de existências passadas e que essas se manifestam de vários modos como, por exemplo, na facilidade que encontramos em aprender determinadas habilidades. Crianças prodígios, como o compositor Mozart, estão aí para comprovar esse fato. Isso nos faz acreditar que criatividade é privilégio dos gênios. No entanto, essa crença está sendo vista sob outra ótica na atualidade. Muitas escolas - formais ou não - incluem atividades artísticas na sua programação e conseguem bons resultados em termos de criatividade até mesmo de alunos que, a princípio, alegavam não ser criativos.

---

40 Essa música é do grupo *Palavra Cantada* e pode ser encontrada em: http://www.youtube.com/watch?v=j7arlpPAQ7w . Acessado em 17/09/2012.

Desde que tomei conhecimento de um artigo de Vygotsky , intitulado "Imaginação e criatividade na infância"[41], passei a acreditar na possibilidade de se desenvolver a criatividade. Nele, ele destrói dois mitos: o de que a imaginação criativa seja privilégio de uns poucos (os grandes inventores, os gênios), e o de que ela seja mais desenvolvida na criança do que no adulto.

Analisando nossas ações cotidianas, não tenho dúvida do seu caráter reprodutivo. Utilizando-as, somos capazes de nos adaptar ao mundo a nossa volta, sem que seja necessário desprender grande esforço. O cérebro armazena e depois, simplesmente reproduz experiências anteriores que já vivemos. Essa atividade reprodutiva nos é, sem dúvida, fundamental, pois dá agilidade ao nosso dia a dia. Vira rotina.

Foi a partir da observação do que acontece na mente de quem age rotineiramente que Vygotsky elaborou suas explicações sobre criatividade. O primeiro aspecto que considerou foi a dificuldade que as pessoas encontram quando têm que lidar com algo novo, com o inusitado, com aquilo que foge aos padrões já assimilados. Nesta hora, - afirma - se ela lança mão da combinação criativa de elementos já existentes no seu cérebro, de forma a se adaptar à nova situação, surgirá a *atividade criativa*.

Sustenta, então, que se essa é fruto da atividade da própria pessoa, todos a têm. Ela se manifesta onde quer que a imaginação humana combine, mude e crie algo novo.

Estou segura de que, na educação espírita, todos podem ser criativos. Para isso é preciso se livrar do hábito de buscar material pronto, elaborado por alguém.

Vejamos os exemplos de Paola e Gabriela.

---

41 Foi escrito sob forma de artigo em 1930 e republicado em 1990, nos Estados Unidos, na Revista *Soviet Psychology* sob o título "Imagination and creativity in childhood".

Primeiro, o das Paraolimpíadas. Sabemos que a mídia faz uma grande cobertura das Olimpíadas, deixando as crianças, principalmente, muito motivadas para a prática de esportes. As Paraolimpíadas, que congrega portadores de necessidades especiais, acontece quando elas já estão nesse clima. O que fizeram aquelas educadoras? Combinaram esse assunto com doutrina espírita. Viram no evento uma oportunidade de abordar a questão das nossas diferenças, em particular, as que decorrem de uma deficiência física ou mental.

No segundo exemplo, a história do carneiro revoltado surgiu de uma lembrança de Paola: no ano anterior ela fizera um curso de especialização sobre deficiência visual e seu trabalho final fora a produção de um livro em Braille. Naquela ocasião ela escolhera a referida história para a transcrição. Juntando a necessidade de continuar trabalhando as deficiências com seus alunos e essa lembrança, surgiu a ideia daquele encontro. Mas foi preciso parar e pensar. Dessa reflexão veio, de forma criativa, todo o resto: a ideia de levar o material da escrita em Braille e de escrever o nome das crianças com este alfabeto.

Os demais exemplos também foram frutos de uma parada para refletir e buscar, na própria mente, nas lembranças vividas, o material e a dinâmica que poderiam servir de ponto de partida para os ensinamentos espíritas. No caso daquele encontro em torno dos alimentos, vale registrar que Gabriela é formada em Nutrição e atualmente faz uma pós-graduação nessa área. As associações, neste campo, surgiam com mais facilidade ainda.

Com esses exemplos em mente, voltemos a Vygotsky.

Analisando o processo de formação da imaginação criativa, ele ressalta a sua complexidade. Ela não é, ao contrário do que muitos acreditam, algo que surge como num lampejo, como uma luz que se acende no cérebro. O seu mecanismo de formação, bastante complexo, tem por base as experiências vividas pela pessoa. Qualquer experiência é revivida no cérebro como um conjunto muito variado de imagens sensoriais. Por exemplo: em recente pesquisa, o neurocientista António Damásio elaborou um experimento no qual pretendia que as pessoas revivessem experiências alegres ou tristes[42]. Essas pessoas estavam sendo monitoradas por aparelhos de ressonância magnética funcional, o que permitia ao pesquisador saber o que estava se passando no seu cérebro. O resultado apontou que, ao recordar uma dada experiência, as pessoas acionaram as mesmas áreas do cérebro que foram acionadas quando elas as viveram. As sensações que registravam variavam conforme as circunstâncias que cercaram a experiência: pessoas, fatos, cheiros, locais, tudo, enfim.

Diga-se de passagem, que todos nós temos lembranças que, quando evocadas, nos remetem ao passado, trazendo uma esteira de sensações como essas.

Vygotsky, sem nenhum dos modernos recursos das neurociências, percebeu que a experiência fica registrada no cérebro sob a forma de múltiplas impressões. Então, a partir dessa constatação, foi capaz de elaborar os passos que levam à produção de uma ideia criativa. São eles:

1º Reorganização do material já existente no cérebro. Consiste em dissociar as partes que o compõe e associar a outras. No exemplo da deficiência visual trazido pela Paola, o material que existia no seu cérebro era o seu trabalho de final de curso, com tudo o que lhe dizia respeito: a monografia, a tensão que essa lhe provocara, a busca por uma história para ser transcrita em Braille, a dificuldade em aprender o alfabeto etc.

---

42 Essa pesquisa está relatada no livro *Em busca de Espinosa: prazer e dor na ciência dos sentimentos*. Damásio, neurocientista português, radicado nos Estados Unidos, é um dos mais conceituados neurocientistas da atualidade.

2º Divisão das impressões em diferentes partes, das quais umas serão retidas na mente e outras deixadas de lado. No nosso exemplo, ela reteve o livro e os instrumentos necessários para confeccioná-lo, deixando de lado a própria monografia que o acompanhava, a tensão e as dificuldades encontradas.

3º Alteração ou distorção das partes retidas. Às vezes, a experiência foi vivida de um jeito, mas nós precisamos alterá-lo para servir aos propósitos que temos em vista. Necessitamos encontrar outra maneira de realizá-la. No exemplo das Paraolimpíadas, a parte retida que Paola alterou foi o vídeo. Ela havia visto tudo ao vivo, pela televisão. Depois, foi buscar na internet um vídeo que retratasse aquele momento.

4º. Associação a uma nova situação dos elementos que foram dissociados e alterados. Diante do desafio de ter que preparar um encontro para os seus evangelizandos sobre uma temática semelhante, o que fez Paola? Dissociou sua lembrança em várias partes, selecionou algumas delas, alterou suas finalidades e as associou ao seu trabalho na evangelização.

Olhando de fora, diríamos simplesmente que suas ideias foram criativas e originais. Analisando-as, porém, em suas partes, verificamos que foi necessário um elaborado processo mental para que elas ocorressem.

Diante do que vimos, ganha consistência a afirmação de Vygotsky segundo a qual todos nós temos capacidade para elaborar atividades criativas.

Há, a esse respeito, um ponto que ele ressalta e que eu refuto da maior importância e que pode ser assim resumido: a atividade criativa da imaginação depende primariamente de quão rica e variada é a experiência prévia que a pessoa armazenou no seu cérebro. E mais: que ela é uma função vitalmente necessária em nossas vidas. Trazendo para as nossas atividades espíritas eu diria que isso é válido tanto para quem ensina quanto para quem aprende.

Essa conclusão reforça a necessidade que temos de estudar a doutrina espírita a fundo, de conhecer técnicas variadas, de saber pesquisar nos instrumentos que as novas tecnologias de comunicação e informação colocam ao nosso alcance. Em suma, precisamos estudar muito e estar antenados com o que é produzido a nossa volta.

A bagagem de experiências

Sobre o mito segundo o qual a imaginação criativa da criança é mais rica e mais variada do que a do adulto, Vygotsky também traz uma abordagem original. Seu ponto de partida era justamente o que acabou de ser afirmado, ou seja, o fato de que a riqueza da imaginação está estreitamente relacionada com a quantidade e a variedade de conhecimentos adquiridos, bem como as impressões vivenciadas pela pessoa. A partir daí concluiu que essas são mais numerosas nos adultos do que nas crianças. De fato, os interesses das crianças costumam ser mais simples, mais elementares e qualitativamente mais pobres do que os dos adultos. Além disso, sua relação com o mundo carece da complexidade e da diversidade que a distingue do adulto e que são tão importantes no trabalho de imaginação.

Analisando esse processo, concluiu que ele encontra o seu ponto máximo no adulto. Somente na "fantasia já amadurecida do adulto" é possível se encontrar uma real imaginação em todas as áreas da atividade criativa.

Com base em Vygotsky, podemos, então, afirmar que a nossa

imaginação criativa vai se desenvolvendo ao longo do tempo, a partir da infância.

Nosso olhar espírita nos permite acrescentar um outro ângulo a essa questão.

Sabemos que Kardec assinalou, na questão 385 de *O Livro dos Espíritos*, que por volta dos 15 ou 20 anos o espírito assume a sua verdadeira identidade, aflorando todas as marcas do passado. Estas se manifestam em termos de tendências e aptidões. De fato, sabemos da existência de inúmeros inventores famosos que eram muito jovens quando criaram seus experimentos. Thomas Edison, por exemplo, registrou seu primeiro invento aos 16 anos. Todavia, geralmente, é a partir do início da fase adulta que a inventividade mostra os seus melhores resultados. Ninguém cria nada do nada. É preciso antes constituir uma *bagagem*.

De onde vem, então, a bagagem de experiência em artistas, inventores, descobridores? Essa é uma questão que pode ser explicada pelo princípio da reencarnação. Kardec, ao inquirir aos espíritos acerca das ideias inatas, (questão 218, obra citada) recebe a resposta de que todos nós guardamos uma vaga lembrança das existências passadas e que os conhecimentos adquiridos em cada existência não mais se perdem. Acrescentam, ainda, que quando reencarnamos, apesar do esquecimento temporário dessas memórias, elas continuam existindo em forma de intuição. É, provavelmente, essa intuição que ajuda os grandes gênios a observar melhor o mundo ao redor e que os impulsionam para novos desafios, que acabam ensejando novas descobertas. A doutrina espírita esclarece, ainda, que, em circunstâncias espirituais especiais, ideias possam lhes ser comunicadas por espíritos mais elevados ou trazidas à sua mente por processos de desdobramento pelo sono.

Quanto ao fato de a criança ser ou não mais criativa do que o adulto, Vygotsky ponderava que elas apenas *parecem* ser mais criativas. De fato, elas confiam muito mais nos produtos das suas fantasias, e têm muito menos controle sobre elas que os adultos. Além disso, ela apela muito mais para o componente emocional do que para o cognitivo, ao contrário da imaginação do adulto.

A esse respeito temos inúmeros exemplos com as nossas crianças. Basta propormos, por exemplo, uma dramatização, que logo inventam falas e personagens. Se lhes oferecemos lápis e papel, saem criando coisas que sequer havíamos imaginado. Ainda estão livres da censura que tanto limitam os adultos. Estão sempre prontas a acrescentar detalhes além dos necessários em suas atividades de livre expressão. Em uma palavra, deixam falar mais alto o seu lado emocional.

Enfim, o que me interessa, primordialmente, é enfatizar a ideia de desenvolvimento da imaginação criativa. E, mais que isso, é chamar a atenção para o fato de que ela tem conexão com a riqueza de experiências e conhecimentos previamente adquiridos. Reclama uma maior responsabilidade de quem ensina. Sejamos, pois, pródigos em oferecer os mais amplos leques de conhecimento aos nossos educandos.

ELUCIDANDO POSSÍVEIS DÚVIDAS

Apresentados os principais pontos da Teoria Histórico-cultural e da sua vinculação com a nossa prática pedagógica, passarei a abordar algumas questões de ordem prática. Nosso objetivo é esclarecer o leitor sobre algumas das nossas condições de trabalho e elucidar pontos que podem ter gerado dúvidas.

Avaliação e planejamento: polos complementares

Final de manhã de sábado, na nossa casa espírita. As atividades vão chegando ao fim. As crianças terminam o lanche e vão se retirando em companhia dos pais. Depois das despedidas, retornamos ao trabalho. São quase 11h30min e vai ter início aquele momento de suma importância para todos nós: a avaliação.

Um a um, todos os participantes, inclusive os companheiros do lanche e da biblioteca infantil, comentam o que se passou naquela manhã. As evangelizadoras relatam o que foi tratado e como se deu o desenvolvimento do encontro. Analisam o trabalho desenvolvido, avaliam como foi a aprendizagem; comentam sobre os comportamentos das crianças e relatam situações diferentes surgidas. Tratam, principalmente, do nível de interesse que o assunto tratado despertou na turma. Precisamente nesta hora começa a se esboçar o caminho que deverá ser percorrido mais adiante.

Conforme foi mostrado no capítulo inicial, temos uma espinha dorsal: os eixos temáticos. Sabemos que devemos passar por todos eles durante o ano e que há liberdade para seguir no ritmo da turma, escolhendo os temas que julgamos mais adequados para o momento.

Não temos um horário fixo e rígido para o planejamento, em função de algumas limitações nossas.

Toda equipe de evangelização tem características próprias. A nossa não é diferente. E uma das nossas principais características é o fato de sermos pessoas muito ocupadas, vivendo em uma cidade grande, com todos os seus problemas de deslocamento. Entre os membros da equipe, a maioria trabalha ou estuda. Há, ainda, aqueles que fazem essas duas coisas.

Em função dessa situação, o trabalho com a Juventude é desenvolvido em um tempo mais curto: começa às 19h30min e termina às 21:00h. É, realmente, o horário mais compatível com os compromissos assumidos pelas evangelizadoras e pelos jovens. Estes, além de frequentarem a escola regular, costumam desenvolver atividades complementares (aulas de idiomas, de dança, preparação para o vestibular, entre outras). Há, ainda, aqueles que têm compromisso com as Forças Armadas.

No sábado, entretanto, o tempo é mais dilatado: dispomos de mais de três horas. Obedece a seguinte sequência, a partir das 9:00h: recepção às crianças, com brinquedos; harmonização exclusiva da equipe com leitura de uma mensagem e prece; harmonização das crianças e pais, com música, no salão; prece e passes; encontro (aula), nas salas; lanche e sala de leitura (para as crianças), terminando com a avaliação. Esta se encerra por volta das 12h30min.

Devido às nossas dificuldades, não temos tempo disponível para planejamento nas sextas-feiras ou nos sábados. Contornamos esse problema realizando um encontro no início do ano, com cerca de 20 horas. Nele, retomamos a avaliação e traçamos alguns pontos básicos do planejamento. Não elaboramos, entretanto, nenhum programa prévio a longo prazo. Essa é a hora de organizarmos material, arrumarmos os espaços, deixando-os completamente prontos para receber as turmas. Significa dizer: limpar os quadros murais, preparar os quadros de chamadas, organizar os recursos disponíveis (material pedagógico utilizado pelas crianças e jovens). No nosso entendimento, todas as paredes e murais das salas de aula devem ser destinados a exibir a produção dos alunos: as paredes falam! Por esse motivo, nesse momento todos eles estão vazios, havendo, quando muito, um cartaz de boas-vindas.

Durante o decorrer do ano realizamos reuniões maiores, na casa de algum membro do grupo, a cada dois meses, aproximadamente. Além disso, procuro dar assessoramento a todas as evangelizadoras que nos solicitam ajuda em horários específicos, durante a semana. Não é uma situação ideal, mas é o que podemos fazer dentro das nossas possibilidades de tempo.

Traço esse quadro para poder me aprofundar na questão do planejamento.

Nos encontros maiores, ou mesmo nos particulares com as evangelizadoras, costumamos analisar todo o percurso já feito e planejar os três ou quatro encontros subsequentes. Todas nós, porém, temos em vista que é um roteiro que pode - e deve - ser alterado em virtude dos acontecimentos. Causou desinteresse? Está muito além do nível da turma? Não estamos conseguindo desenvolver atitudes cristãs? É hora de parar e escolher outro assunto para ir em frente. Mas se, ao contrário, a turma está demonstrando muito interesse; quer saber mais, é o momento de planejar, rapidamente, encontros para atender a essa necessidade.

É difícil, bem o sabemos. No início, sobretudo para quem está acostumado a usar aulas prontas, seguindo uma programação rígida, tudo isso provoca uma grande insegurança. Nesses instantes, o coordenador entra em cena e ajuda sugerindo atividades, definindo o passo a passo a ser seguido, passando, enfim, tranquilidade a quem está aflito.

No nosso caso, posso dizer que, com o tempo, essa situação - que também enfrentamos - foi-se modificando. Hoje, me causa encantamento verificar o quanto as educadoras estão independentes. Entenderam o espírito do trabalho e prosseguem, cada vez mais seguras e criativas. Ao invés da dependência, desenvolvem um verdadeiro trabalho colaborativo, ajudando-se mutuamente.

Voltando ao momento da nossa avaliação, o fato de haver um tempo para que cada educadora relate o trabalho desenvolvido no dia permite que todas tomem conhecimento do que fora planejado. Além de ouvir, com atenção, aquele é o espaço para perguntar, tirar dúvidas, dar sugestões, propor trocas etc. E mais: ali me é possível aliar a prática com a argumentação teórica. Daí ter ouvido de uma delas que estamos desenvolvendo um *curso de capacitação semanal.*

Fatores favoráveis ao bom desempenho do trabalho

Muitos são os fatores que concorreram para o êxito que estamos conseguindo com nosso trabalho. Alguns dizem respeito às condições externas. Dentre elas podemos arrolar: o apoio da diretoria colegiada; existência de espaços condizentes com as necessidades; apoio de pessoas de outras equipes; o tempo disponível para execução do trabalho junto à Infância; relação positiva com os pais; recursos materiais, com destaque para os meios tecnológicos (aparelhagem de som, televisão, projetor digital , computador; retroprojetor).

Ainda em relação aos recursos materiais, quero acrescentar que o fato de se ter salas próprias para a evangelização, com mobiliário adequado, faz uma grande diferença. Temos tapetes emborrachados que permitem o uso do chão em muitas atividades; mesas desmontáveis e cadeiras empilháveis que ampliam espaços; muitos murais que nos ajudam a manter visível, não só certos conteúdos dados, como também a produção dos grupos. As crianças e os jovens gostam de mudanças nos ambientes de aprendizagem. No nosso caso, em particular, ajudou o fato de a direção permitir o uso de outras dependências da instituição, quando necessário, e a existência de um espaço alternativo, com uma televisão, para onde as turmas são deslocadas, com frequência.

Ao lado dos fatores externos que favorecem o trabalho, há ainda os que são internos, isto é, inerentes à própria equipe. Assinalo, em primeiro lugar, o fato de ser altamente colaborativa e consolidada por estreitos laços de confiança e amizade.

Mas também são fatores positivos a experiência de alguns membros e a boa vontade de todos. Quando falo em experiência, não quero dizer, necessariamente, que esta seja na área educacional. Na nossa equipe há apenas três companheiras com formação pedagógica. No entanto, existem outras que já acumularam larga experiência na evangelização. Entre as jovenzinhas, que chegaram mais recentemente e ainda estão estudando, identifico a facilidade em transitar na área da tecnologia de comunicação e informação. No conjunto, praticamente todas trabalham, havendo aquelas que trazem da esfera profissional saberes específicos, que também ajudam bastante no desenvolvimento da equipe. Não abro mão, por exemplo, dos conselhos das que trabalham com recursos humanos e me ajudam na gestão do grupo, tampouco da que atua na área das artes plásticas, sempre pronta a dar um toque de beleza e originalidade quando há necessidade.

É, a meu ver, uma equipe que equilibra experiência pedagógica com bom-senso e vontade de acertar. E mais: uma equipe que ama e acolhe.

Tenho plena consciência de que de nada valeria contar com educadores espíritas com profundos conhecimentos teóricos acerca da educação da criança e do jovem se eles não trouxessem no fundo dos seus corações o sentimento de que é preciso, antes de tudo, amar e acolher o educando.

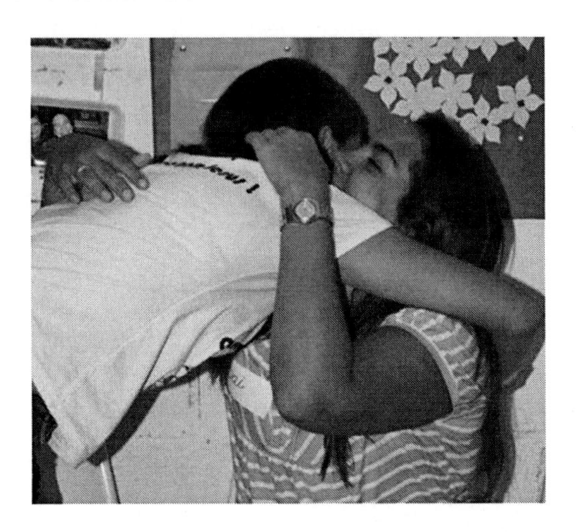

E, acima de tudo, temos o amparo e as intuições da Equipe Espiritual que nos impulsiona e nos mantém confiantes, ajudando-nos a cumprir o compromisso de educar os espíritos dessa nova geração que Deus vem colocando em nosso caminho. Nossa dívida de gratidão com essa equipe será eterna.

Pontos negativos

Há, todavia, alguns pontos negativos no nosso trabalho, sendo o principal deles a grande oscilação na frequência das crianças e jovens. Podemos dizer que há um núcleo fixo, que praticamente não falta, e outro que não mantém regularidade na frequência. Os motivos são vários, e vão desde a questão de pais separados que têm guarda quinzenal das crianças, a problemas relativos à vida escolar ou atividades paralelas das crianças e jovens. Terminamos o ano de 2012 com mais de 90 participantes: cerca de 60 na Infância e 35 na Juventude, ambos os grupos com essa característica de oscilação.

Nossa evasão não é grande e ocorre, basicamente pelos seguintes motivos: mudança da família; casos em que depois de matriculada, a família não chegou a frequentar regularmente; famílias mais pobres que dependem de condução e não têm como fazer gastos com passagem. Em contraposição, é elevado o número de novas matrículas a cada ano. Vale ressaltar que, diferente das escolas, aceitamos matrículas novas a qualquer tempo.

Outro ponto negativo refere-se à dificuldade de se ter toda a equipe da noite reunida à da manhã, nos momentos de avaliação. Motivos particulares das educadoras impedem que assim seja.

Integração: um valor inestimável

Até 2010, a evangelização estava dividida em dois grupos distintos. Tanto na sexta-feira (noite), quanto no sábado (tarde) havia turmas da Infância e da Juventude. A proposta que, então, apresentei e foi aceita se pautou em dois pontos: não fazer nenhum tipo de distinção entre os evangelizandos, em função da sua situação socioeconômica, e agrupá-los somente por faixa etária, ficando a Infância, pela manhã e a Juventude, à noite. A maioria dos jovens vem desacompanhada dos pais. Estes, se vão com os filhos, participam de um grupo de estudo oferecido pela casa.

Com as mudanças introduzidas, começou-se a se formar na evangelização da Infância um grupo de pais que só fez crescer ao longo dos dois anos. (Muitos são casais, havendo, também, apenas o pai). Contamos atualmente com um grupo de aproximadamente 30 pais ou avós, com os quais desenvolvemos estudos de *O Livro dos Espíritos* e de *O Evangelho segundo o Espiritismo* (de capítulos por eles escolhidos).

Como afirmado anteriormente, eu coordeno esse grupo juntamente com outra companheira, a Maria do Carmo, que além de educadora e conhecedora da doutrina espírita, mantém comigo um duradouro laço de amizade. O grupo é altamente colaborativo e interessado nos estudos.

Só o fato de existir um grupo de pais atuando paralelamente ao grupo de evangelizandos já é muito bom do ponto de vista do envolvimento espiritual da família. Essa situação se torna mais interessante, ainda, quando se consegue fazer pontes entre os dois grupos. No nosso caso, procuramos atuar costurando as informações que captamos, tanto dos pais, quanto dos educadores, em geral. Esse modo de trabalhar nos tem permitido ter mais clareza sobre o que trabalhar, em ambos os grupos. Se um pai, por exemplo, relata uma situação especial pela qual seu filho está passando, ou um comportamento desaprovado, nós procuramos ajustar os conteúdos da sua turma para atender ao problema levantado.

Por outro lado, estamos o tempo todo informando-os sobre o que estamos trabalhando e a forma como o fazemos. Somos parceiros!

Complementam nossas atividades os passeios e as festas que fazemos com intensa participação dos mesmos.

Mas não é somente com os pais que se verifica a integração na nossa proposta pedagógica. É de um valor inestimável para nós a integração interpares, em todos os níveis.

Fazer algo *com* o outro ou *para* o outro é uma forma de vivenciar as lições do evangelho, uma vez que expressa o amor. Não nos esquecemos que caridade é o amor em movimento.

Incentivados por suas evangelizadoras, desde 2011 começamos a ver jovens - em pequeno número, é verdade - se dedicando a preparar, mensalmente, as sacolas de alimentos para doação, junto à equipe da assistência social da casa. Em maior número, os vemos planejar e realizar as visitas fraternas ao Lar da Esperança.

Nas festas juninas, uma grande mobilização é feita pelas turmas da Juventude. Os jovens, além de preparar as brincadeiras, montar as barracas, cuidar da decoração, também se responsabilizam por sua realização. Nas festas de encerramento, estão, igualmente presentes, cantando, encenando pequenas peças de teatro, colaborando, enfim, numa clara demonstração que estão começando a vivenciar as lições aprendidas. O resultado é sempre um lindo espetáculo de confraternização e integração entre as turmas da Infância e da Juventude.

Mesmo entre turmas do mesmo ciclo existe a preocupação em estimular as trocas. Em mais de uma ocasião, crianças mais velhas se apresentaram para as mais novas, com uma pecinha de teatro.

Quem atua nas tarefas da ação evangelizadora infantojuvenil conhece de perto o problema que ocorre na transição da Infância para a Juventude: os grupos parecem não se entender. Foi, para nós, motivo de grande satisfação ver nossos jovens adolescentes que estão com um pé na pré-juventude participarem do Encontro de Mocidades promovido por nosso grupo espírita. Foi a primeira vez que isso ocorreu e, ao longo do encontro, pudemos ver que a timidez e o retraimento foram dando lugar a atitudes de desembaraço e confiança. No encerramento tivemos a Júlia, uma mocinha de 13 anos, compondo música e se apresentando, ao violão, com os mais velhos.

Esse espírito de integração se espraiou para fora da Instituição e se concretizou no Encontro de Mocidades. O evento foi uma iniciativa da diretoria da casa e teve sua coordenação a cargo da evangelizadora do 1º ciclo da Juventude. O evento congregou mais de 60 jovens de quatro casas espíritas de Niterói. Foi um sucesso.

E, para nós, nada é mais reconfortante do que saber que alguns dos nossos jovens estão se preparando para se integrarem às atividades rotineiras da casa espírita. Neste ano seis deles se preparam e já estão dando passes. Pelo menos três já estão em condições de começar a atuar como expositor espírita. Sempre que necessário, há um grupinho de jovens adolescentes que vêm ajudar as evangelizadoras da Infância. E, conforme já dissemos, Livia, Maria Eduarda e Lorena, que já são nossas evangelizadoras, também fazem parte da Juventude. Tudo isso é fruto de um trabalho coletivo, que começou com uma semeadura lá atrás. Nós apenas colhemos os frutos.

SENTIMENTOS QUE FALAM POR NÓS

SEXTA-FEIRA À NOITE. A família se prepara para subir a serra. No dia seguinte, em Teresópolis, irá participar do almoço de aniversário do avô. A avó havia recomendado que não se atrasassem. Pedro, vendo o movimento, pede: – "Mãe, não vamos hoje, não. Vamos amanhã, depois da evangelização." Não há como negar. A família segue, no dia seguinte, com as crianças felizes.

Este é um dos muitos casos que ouvimos dos pais, que nos sinalizam o quanto as crianças gostam de participar do trabalho que desenvolvemos na nossa casa espírita.

De fato, mantemos antenas sensíveis, sempre prontas a captar os sentimentos bons ou ruins que emanam dos corações das nossas crianças, dos nossos jovens e dos pais.

Trazemos na consciência a convicção de que devemos nos empenhar em contribuir para a formação moral daqueles que nos são encaminhados.

Segundo Kardec, em *A Gênese*, cap. XVIII:

> Somente o progresso moral pode assegurar aos homens a felicidade na Terra, refreando as paixões más; somente esse progresso pode fazer que entre os homens reinem a concórdia, a paz, a fraternidade. Semelhante estado de coisas pressupõe uma mudança radical no sentimento das massas, um progresso geral que não se podia realizar senão fora do círculo das ideias acanhadas e corriqueiras que fomentam o egoísmo.

Ao caminhar para a conclusão desta obra, guardo a certeza de que, embora tenhamos dado alguns passos em direção aos objetivos que tínhamos em mente, muito falta para caminhar.

A transformação moral que somos incitados a promover começa em nós, antes de tudo. Realizá-la satisfatoriamente ainda é um desafio que temos que vencer.

Quanto ao nosso trabalho, olhando para trás, podemos recolher alguns recortes de sentimentos, e com eles compor um mosaico. Foram expressos pelos educandos, por seus pais ou avós, ou pelas próprias evangelizadoras.

Os primeiros são relativos a situações ocorridas ao longo dos dois últimos anos e retratam, de alguma maneira, o que se passava no coração dos nossos meninos e jovens. Alguns serviram de sinal de alerta, ao nos apontar problemas que mereceriam ser mais trabalhados. A maioria, porém, se constituiu numa confirmação de que estávamos caminhando no rumo certo.

Retratos do coração: das crianças e dos jovens

Seguem-se relatos de casos vividos pelas nossas crianças e jovens.

• **Na hora da prece.**

Lara, assim como a maioria das nossas crianças, gosta de fazer prece em casa. Tinha apenas três anos quando começou a pedir para orar durante o Culto do Evangelho no Lar, que sua família faz diariamente. No início, eram apenas peditórios simples. Depois passou a introduzir novos pedidos a Jesus, em suas orações, de acordo com a situação que vivenciava:

– Jesus, abençoa as criancinhas que não tem caminha pra dormir, colchinha pra se cobrir; que não têm lápis de cor para colorir...

Quando foi obrigada a se acostumar a dormir na sua cama, ao lado da irmã, orou assim: - Jesus, abençoa as criancinhas que não têm ninguém para dormir junto.

Além de um recado para a mãe, vemos aí um início de confiança em Jesus, como capaz de ajudar na hora de aflição. Agora, aos quatro anos, intercala suas orações dizendo: - Mestre, abençoa a nossa família; abençoa os que não são obedientes; Senhor, obrigada por nossa casinha...

- **Descoberta do próprio tamanho.**

Falávamos, na turma do 1º ciclo da Juventude, sobre o tamanho da Terra em relação ao Universo. Mostramos imagens referentes aos bilhões de galáxias nele existentes, dissemos que em cada uma delas havia cerca de 200 bilhões de estrelas, e prosseguimos apresentando informações sobre a real - inimaginável, para nós - dimensão do Universo.

Gustavo, então com 14 nos, como sempre muito falante, vira-se para a turma e diz: - Nossa, e eu que pensava que era o cara!

- **No meu quarto, não.**

As evangelizadoras haviam insistentemente trabalhado a ideia de sintonia espiritual. Entre os exemplos utilizados, o uso de alcoólicos teve destaque pelas más sintonias que acarreta. Dias depois, Marcelo[43] (9 anos) chega à casa e vê o pai segurando uma garrafinha de cachaça que ganhara de brinde de um cliente. Oferece ao filho, sugerindo que a coloque na estante do seu quarto. Sua reação foi rápida: - No meu quarto, não. Vou querer essa sintonia?

43 Neste e nos demais casos que têm qualquer conotação negativa, os nomes são fictícios e serão assinalados com um asterisco.

• **Vovô não morreu.**

Os filhos de Bianca são muito pequenos: Isabela tem 7 anos e Bernardo 4 anos. No ano passado a família passou por uma experiência triste: a desencarnação do avô paterno. Depois do velório, os parentes se reuniram na casa dela. Alguns ainda choravam, lamentando a perda do ente querido, quando Isabela e Bernardo começaram a consolá-los, explicando, do seu jeito, que ele continuava vivo, no Plano Espiritual.

• **Amor à família.**

Ana Beatriz (8 anos) é filha única e mora com os pais em uma casa bem próxima a dos avós. Nas férias, é na casa desses que, às tardes, todos se juntam para fazer um lanche. O clima fraterno e alegre, que traz paz ao ambiente, a deixa muito feliz. Por isso, no dia em que a mãe voltou a trabalhar, sentando-se à mesa com o pai e os avós, mostra-se triste e diz: - Que pena! Nossa família hoje não está completa.

• **Ufa! Cheguei!**

O grupo de pais está concentrado, estudando, quando, de repente, chega Rafael (7 anos). Entra voando. Sua mãe, participante do grupo, sorri e conta: - Ele tinha uma competição na escola. Estava com medo de não chegar a tempo.

Olhamos o relógio: faltavam apenas 10 minutos para o encerramento das atividades nas turmas.

• **Amor aos animais.**

Pedro Miguel (9 anos) gosta de animais. Certo dia encontrou um gatinho muito feio, todo estropiado, na rua e insistiu com a avó para levá-lo para casa dela, já que na sua havia muitos animais. Em pouco tempo, a avó descobre que o gato era um tanto neurótico e completamente antissocial. Então, conversa com o neto:

- Esse gato é muito esquisito. Acho que vou deixá-lo na *petshop* para ser vendido.

Pedro, então, ponderou:

- Pensa bem, vovó: o gato é muito feio. Além de tudo, tem esse jeito meio maluco. Ninguém vai querer levá-lo. Então, o dono da loja vai colocá-lo na rua. Coitado!

Assim, o gatinho acabou garantindo seu lugar na casa da avó.

- **O melhor da festa.**

Terminada a Festa de Natal, Pedro pergunta para Mônica, sua mãe:

- Mamãe, do que você mais gostou da festa?

- Foi cantar junto com o Coral dos Pais aquela música que fala das rosas. Você sabe que eu a adoro - respondeu-lhe. - E você? Do que mais gostou?

- Foi ver você cantando, mamãe!

- **Coração partido.**

Jorge* (7 anos) está abalado com a separação dos seus pais. Além da falta física que o pai lhe causa, sente também a falta de alguns confortos materiais que ele lhe proporcionava. Durante semanas se recusa a se sentar junto aos colegas, na hora da harmonização; em sala, tenta chamar a atenção dos demais, mostrando, no seu comportamento, uma visível regressão. Está emocionalmente abalado e todas nós entendemos que é hora de acolhê-lo, sem brigas ou reclamações.

- **Um aniversário diferente.**

Depois da primeira visita ao Lar Esperança, sentindo-se impotente diante dos desafios encontrados, Giuliano (19 anos, na época) escreve no Facebook:

"O que mais me deixa aflito é que alguns deles quase não sentem vontade de viver, mas não sei também o que pode ser feito a este respeito. Sinto que a nossa visita é um pequeno grão de ajuda nesse campo, pois levar alegria renova-lhes as energias e a vontade de viver. Mais do que tudo, eles querem se sentir lembrados por alguém, amados por alguém, o que quase não ocorre."

Coerente com sua forma de pensar, próximo ao seu aniversário de 20 anos, decidiu: - Este ano eu gostaria de comemorar lá no Lar da Esperança, junto aos idosos.

Assim, cercado dos familiares - todos espíritas -, amigos e educadores do nosso grupo, espalhou alegria e felicidade para aqueles irmãos que lá estavam.

• **Veio contrariado, voltou alegre.**

No meado de 2012 recebemos Geraldo* (7 anos), com recomendação de um terapeuta espírita com quem se tratava. Apresentava alguns problemas comportamentais e uma aparente perturbação espiritual. Naquele dia, veio a contragosto.

- Só vou se você me prometer que assim que tomar o passe nós voltamos para a casa.

Chega, toma o passe e... vai com a turma para a sala, sem sequer olhar para trás. Na saída, volta sorridente, trazendo na mão uma dobradura que fizera na turma.

• **O choro por Jesus.**

Manuela tem em Jesus um grande amigo. Ele é figura constante em sua vida. Pensa, fala e faz perguntas sobre Jesus. Porque ainda é incapaz de fazer abstrações, Jesus é um amigo querido que mora no céu, lugar para onde seu pai também foi. (Ela ficou órfã aos três anos). Conta-nos sua mãe, que certo dia, ao conversar sobre o Mestre, explicou-lhe que ele havia vivido entre nós e que, um dia, morrera, indo depois, viver no céu. Sua reação foi completamente inesperada: chorou copiosamente por saber que, assim como o seu pai, Jesus também morrera.

- **Hoje tem escolinha de Jesus?**

Como acontece com grande parcela das nossas crianças, o dia da evangelização é sempre esperado por Alexander (4 anos). Como ainda se confunde com os dias da semana, está sempre perguntando: amanhã já é o dia da evangelização? E, às sextas-feiras, ele se apressa para dormir. Sábado é o único dia da semana no qual ele não dorme até tarde. Acorda cedo, se apronta e vai feliz.

- **Dificuldades.**

A atividade previa que as crianças vivessem papéis diferentes, em duas encarnações consecutivas. Para isso foram feitas duas rodadas. Na primeira, Ângela* (7 anos) recebe, aleatoriamente, um papel de princesa. Na segunda, cabe-lhe representar o papel de vendedora de frutas. Ela e mais dois colegas, que passaram pela experiência de viver um papel de destaque na primeira rodada e depois, um de alguém humilde, na segunda, se recusam a continuar a atividade. Olha, meio chateada, para a sua amiguinha que agora veste a roupa de princesa.

- Eu não quero fazer papel de pobre.

Registramos o fato e depois buscamos trabalhar em seu favor e de todos que com ela compartilham os mesmos sentimentos.

- **Talento e autoestima.**

As nossas crianças estão tão certas de que o espaço da sua sala é um ambiente delas, que Luana (9 anos) certo dia apareceu com um pequeno quadro pintado a óleo que ela mesma fizera e disse para Eliane:

- Eu trouxe para você pendurar na parede da nossa sala. Fui eu quem fiz.

O quadro, é claro, está lá exposto, como prova do nosso acolhimento e como testemunho de uma autoestima elevada.

• **Ligado no bem.**

Pedro (23 anos) é aluno da Escola Naval. Todos os anos, na Festa Junina promovida por esta instituição, o pagamento da entrada pode ser feito com um quilo de mantimento ou então, com uma quantia equivalente ao preço do alimento, o que permite a arrecadação de uma quantia razoável. A última festa foi um pouco antes da visita ao Lar Esperança. Voltara de lá preocupado em querer ajudar. Por isso, tomou a iniciativa de procurar os responsáveis pelo rateio do valor arrecadado e pedir que destinassem parte da quantia para a compra de fraldas geriátricas para os idosos daquela instituição. Com a ajuda de Giuliano, seu colega da Marinha, elas chegaram ao destino em boa hora.

• **Decidiu ser espírita.**

Certa menina estuda em um colégio católico. Um dia chega para a mãe e pede para frequentar o catecismo, junto com as colegas. A mãe concorda. O horário é incompatível com o da nossa casa, e ela então deixou de frequentar as reuniões de evangelização. Passaram-se três meses e eis que a menina volta:

– Mãe, eu não quero ir mais lá não. Descobri que gosto mesmo é de ser espírita!

É fácil imaginar a alegria com que a recebemos de volta.

• **Na porta.**

Fernanda (10)* é mais nova que seus dois irmãos. Manifesta muito ciúme deles e parece que nunca está feliz. Os pais conversam bastante conosco a seu respeito, enfatizando a sua dificuldade em lidar com os irmãos. Sente-se incomodada com qualquer atenção que lhes seja dada.

Próximo ao final do ano, entram para a sua turma três meninas novas, vindas da mesma família. São desembaraçadas e já chegam querendo se entrosar com o restante da turma. Fernanda, nesse dia, se recusa a entrar na sala. Como o encontro era muito dinâmico e interessante, acaba participando do lado de fora, sentada na soleira da porta da sala. Não houve argumento que a fizesse entrar.

- **O poder da fé.**

Clara (9 anos) é a caçula de três irmãos. O mais velho, depois de sofrer um acidente, apresentou, por duas vezes, uma crise convulsiva. Em ambos as ocasiões ela estava sozinha, com os dois irmãos. Enquanto o outro irmão telefonava, pedindo ajuda, ela confiava no poder da prece. Pega *O Evangelho segundo o Espiritismo* e propõe: -Vamos ler uma página e depois orar, pedindo a Jesus que venha socorrer. Tenho certeza de que ele ficará bom.

- **Sensibilidade aguçada.**

Tarcio Castro (22 anos) também é aluno da Escola Naval. Coração sensível, está sempre pronto para ajudar onde for preciso. Começou a ser evangelizado ainda menino e hoje é uma pulsante promessa na nossa casa espírita. Do seu olhar compassivo para as crianças infelicitadas que cruzam nossos caminhos nasceu um belo poema:

Só uma moeda, tio!?

Desculpa, tio, por pedir
Perdoa, tio, por gritar
Desculpa, tio, por bater
Me bata, tio, se eu roubar
Desculpa, tio, por fugir
Perdoa, tio, por matar

Fiz isso, tio, sem querer
Eu quero, tio, não chorar
Pra que, mamãe, vou crescer?
Por que, papai, não voltar?
- Pequeno, é, pra entender...
Porém marmanjo, pra ralar!?
Por que, mamãe, vou partir?
Contigo, mãe, quero estar
Não posso, filho, mais te ter...
Qual tio, mãe, vai me amar?!
Desculpa, tio, por sumir
Perdoa, pai, não te amar
Desculpa, mãe, por nascer
Perdoa, Deus, vou voltar.

Sentimentos dos pais

No final do ano fazemos sempre avaliações com diferentes finalidades, entre elas, para sabermos o impacto do nosso trabalho na vida dos evangelizandos. Os pais respondem por meio de um questionário fechado, no qual há um espaço para críticas, comentários e sugestões. Todas as críticas que recebemos até o momento têm sido positivas. Selecionamos algumas delas para apresentá-las, a seguir.

• **Letícia, mãe de Luana (9 anos), Amanda (7 anos) e Nathan (6 anos):**

"Para ela (Luana) o Centro é um compromisso e nunca quer faltar. Além disso, os ensinamentos da Escolinha de Jesus complementam muito bem os que trabalho em casa. Só quero deixar registrada minha satisfação com a qualidade dos ensinamentos passados e com todo o apoio que sempre recebi de todos da equipe."

• **Rosilaine, mãe de Graziely (10 anos):**
"É maravilhoso porque além de ela aprender mais, não fica na rua à toa. Eu adoro ver minha filha se arrumar e ir na escolinha e aprender cada vez mais.."

• **Mônica, mãe de Pedro (7anos) e Lucas (5 anos):**
"Pretendo continuar trazendo meus filhos para cá porque considero o trabalho excelente e vejo o quanto eles têm sido ajudados pela evangelização. Eles já sentem falta de vir, até reclamam se faltamos. Para mim também é muito bom. Sinto falta do nosso grupo. Aprendemos sempre. Muito obrigada a vocês pelo carinho com as crianças e o exemplo de 'pessoas de bem'. Parabéns!"

• **Laís, avó de Pedro Miguel (9 anos) e de Letícia (5 anos):**
"Estou feliz por estar proporcionando aos meus netos a oportunidade de serem evangelizados, principalmente o Pedro, que está com 9 anos e quase não falta. Após um ano de evangelização ele já está falando de reencarnação com naturalidade. Eu não dei religião para minha filha, pois era ateia e só passei a acreditar em Deus em função da reencarnação. Hoje agradeço a Deus, todos os dias, por ter conhecido essa doutrina maravilhosa e me tornar um ser humano um pouco melhor. Acho a evangelização desta casa ótima, pois já tive a oportunidade de conhecer outras casas e não tinha a qualidade doutrinária desse Centro."

• **Felipe, pai de Guilherme (9 anos)**
"Não tenho críticas e minha sugestão é a de não parar, mantendo esse trabalho de tanta harmonia na evangelização."

• Roberto, pai de Gustavo e Rafael (13 anos) e de Marina (11 anos)

"Pretendo continuar trazendo os meus filhos para a evangelização porque faz parte da nossa maneira de viver - ter atividade religiosa - e consideramos a mesma primordial."

• Luciana, mãe de Mariana (16 anos) e de Vitória (4 anos):

"Mariana gostou muito e se entrosou com o seu grupo e com a casa[44]. Vitória adora e pede para vir à Casa na evangelização e também nas reuniões públicas de terça, já que costumamos vir. Se pudesse ficaríamos mais tempo".

• Juliana, mãe de Arthur (8 anos) e Davi (5 anos).

"Pretendo continuar para aproximar os meus filhos dos conceitos de caridade, preocupação com o bem-estar de outras pessoas e para que eles continuem aprendendo os ensinamentos de Jesus Cristo e os apliquem no seu dia a dia. Lúcia e sua equipe, vocês estão de parabéns!"

• Beatriz, mãe de Ana Beatriz (8 anos).

"Agradeço a Deus a oportunidade de poder participar desta casa tão maravilhosa, que nos acolhe com tanto amor e carinho".

• Juliana, mãe de Manuela (9 anos) e de Lara (4 anos):

Além do fato de Lara adorar, acho imprescindível a criança ter uma base espiritual que a torne um ser humano melhor. Adoro as atividades propostas às crianças. O grupo de pais é extremamente comprometido com o trabalho.

---

44 A jovem já teve, na escola, alguns problemas de adaptação.

• **Rose, mãe de João Vitor (9 anos):**

"Acho muito interessante a evangelização deste centro porque eu já vinha procurando um lugar para incluir meu filho. Fiquei muito feliz e agradecida a Deus por ele estar aqui."

• **Bianca, mãe de Isabela (5 anos) e Bernardo (4 anos)**

" Pretendo continuar porque considero o trabalho excelente e vejo o quanto meus filhos têm sido ajudados pela evangelização".

Sentimentos das evangelizadoras

• **Paola**

"Lembro-me que há 25 anos saí de um colégio e fui trabalhar em outro, onde havia uma creche para filhos de professores. Gabriela tinha acabado de nascer. Nesta, tínhamos coordenação por área. Um dia comentei que gostava das orientações da coordenação pois apresentavam tudo já explicadinho para dar aula (diferente do colégio anterior). A coordenadora recebeu esta observação como algo não muito positivo. Na época fiquei meio sem entender, mas hoje percebo que dar tudo "mastigadinho" pode não ser uma boa ideia.

Transferindo para evangelização, acho que quando a pessoa começa nesta tarefa, precisa, sim, de uma coordenação que oriente o companheiro até que ele entenda a proposta. Com 20 anos de idade (ainda no início do magistério), ser orientada na prática, na primeira escola, ajudou-me muito. Mas percebo que precisamos "ensinar a pescar". Por isso entender a metodologia, vivenciar na prática (experiência conta muito) e exercitar a criatividade são essenciais. Esta proposta dá mais trabalho pois exige do evangelizador uma percepção maior, criatividade e tempo. Acho até que podemos "pesquisar" aulas na internet ou em livros que podem ser transformadas de acordo com a necessidade do grupo. Para aqueles que atuam na educação, fica mais fácil entender a proposta. Caso contrário, faz-se necessário o entendimento, isto é, aprofundar os conteúdos e buscar exemplificações".

• **Leila Maria**

"Para mim foi completamente diferente da experiência que eu tive antes, onde eu me sentia muito perdida e desmotivada. Não senti que estava sendo útil de alguma forma. Agora eu sinto que estou fazendo parte, que estou conseguindo produzir alguma coisa, isto me estimula a continuar no trabalho. Para mim foi uma transformação enorme. Isso, com certeza, enriquece qualquer trabalho. Aprendi muito este ano de 2011."

• **Eliane**

"Ser evangelizadora é uma tarefa que me faz muito feliz. Tenho muito prazer em estar com as minhas crianças. É muito gratificante perceber, nas pequenas atitudes, o aprendizado moral, a colaboração com o amigo que, porventura, não agiu corretamente. Sentimos que os ensinamentos de Jesus estão penetrando aos poucos em seus corações. Agradecemos a oportunidade do trabalho e temos a certeza que a tarefa não é nossa e, sim, do nosso Mestre Jesus".

• **Livia**

"Desde quando iniciei meus trabalhos na evangelização (aos 15 anos) nunca vi algo tão prazeroso, sublime, harmonioso e com tanta sintonia entre nós e o mundo espiritual.

Sinto algo inexplicável às nossas palavras. É uma energia enorme que trocamos com as crianças.

Sou evangelizadora do 3ºciclo que tem crianças, ou melhor, adolescentes de 12 a 16 anos. O fato de eu ter 20 anos e estar com essa turminha há dois anos, me traz uma enorme responsabilidade. Eu os vejo como o meu 'ontem' e faço o maior esforço possível, pedindo sempre ao mundo espiritual, que os auxilie para que possam ter em seus corações as palavras de Jesus.

E o retorno vem, cada vez mais, através das suas atitudes e de suas colocações, ao longo de nossos encontros.

Nossa evangelização é amor, é troca, é ensinar à alma e não a 'decoreba' ao corpo. Sinto mudanças, vejo mudanças.

Tudo isso se dá com dedicação, estudo e muito amor! Nossa equipe é unida e com muita disposição! Trocamos experiências e sentimentos... Quero estar sempre nesse caminho... O caminho junto ao Mestre!"

- **Sueli**

"O meu sentimento é de continuidade de um trabalho que já vinha sendo desenvolvido com muito amor e que agora acrescentamos a força de uma equipe e o preparo adequado para a tarefa."

- **Lorena**

"Muito bom ter 15 anos e me sentir tão útil, tão responsável por um futuro, não só meu, mas de crianças maravilhosas. Foi uma experiência incrível ao lado das evangelizadoras que, mesmo estando há muito mais tempo na tarefa, me fizeram sentir parte do grupo e de certo modo, à frente, por ter pouca idade. A cada dia aprendo mais e tento passar o melhor para as minhas criancinhas. Esse ano será o primeiro de muitos, pois o trabalho se torna sempre mais gratificante."

- **Maria Eduarda**

"Eu simplesmente amo a tarefa da evangelização. Quando fui convidada a integrar a equipe, fiquei sabendo que minha turma seria o 2º ciclo, com as crianças de 10 a 12 anos. Uma faixa etária particularmente interessante, pela sua falta de enquadramento: eles não se acham crianças, apesar de nós assim os considerarmos e não se comportam como os pré-adolescentes, apesar deles se intitularem dessa forma.

Criar as aulas conforme o ritmo de nossa turma é extremamente interessante para a aprendizagem dos evangelizandos, pois eles conseguem relacionar as suas próprias experiências ao conteúdo que trabalhamos, chegando às conclusões desejadas. Também para nós, os evangelizadores, é igualmente interessante, uma vez que nossos encontros são planejados pensando neles, na forma como pensam e reagem. Assim, não temos que "batalhar" sua atenção.

As aulas que montamos são totalmente adaptadas aos casos que os evangelizandos nos contam e sempre nos remetemos a eles. Percebemos que o interesse sempre aumenta quando eles se veem nas lições ensinadas. É enriquecedor para aula, além de ser gratificante para nós, ver nossos pupilos desenvolverem conosco, os temas abordados.

Para mim, o maior problema que "aula montada" apresenta é a "resposta montada" que os evangelizandos nos retribuem. Já verificamos que em toda situação mais abstrata que elaboramos, menos calcada na realidade deles, eles reagem dando respostas prontas, quando questionados. Percebemos essa tendência, principalmente entre as crianças que frequentam há muito tempo a evangelização: eles sabem a resposta que nós queremos e as dizem sem nem, ao menos, ter refletido sobre o que estão falando. Nos encontros que montamos, falam *porque é certo,* não porque *acham que é o certo*. O caminho que os levamos a percorrer os faz pensar, daí conseguirem responder corretamente. Podemos dizer que essas aulas não deixam espaço para que se acomodem na zona de conforto. Eles são constantemente convidados a refletir e tirar suas próprias conclusões. Conclusões brilhantes, dando-nos a certeza de que chegamos ao ponto pretendido, mais cedo ou mais tarde. E o melhor: com a certeza da internalização da mensagem".

- **Vilma**

"Em relação ao trabalho que realizamos, sinto-me, sem dúvida alguma, mais amparada, não só por entender um pouco melhor o processo de aprendizagem, mas principalmente, por me sentir parte de um todo, com mais coerência, unidade e reflexão.

Hoje, mais do que nunca, temos um grupo comprometido com o **resultado** da tarefa junto à espiritualidade, que nos confiou tantos jovens e pais, aos quais devemos todo o esforço na busca da fraternidade, da evolução moral, e acima de tudo, do **amor**.

A impressão que tenho, verificando a finalização de uma etapa com a mocidade e já iniciando outra com a turma já preparada pela Leizimar, é que o trabalho está totalmente interligado entre todos nós e nenhuma turma está isolada. Talvez seja esta a força propulsora da evangelização com Cristo."

- **Regina**

"Quanto ao meu sentimento sobre o trabalho, já relatei, em várias oportunidades, a minha alegria em participar desse grupo que, a cada momento, se fortalece em amizade, comprometimento na tarefa, confiança e fraternidade. Isso acontece não só em relação a nós, evangelizadoras, como também com as crianças e pais, em geral. O mesmo se dá, especialmente com relação ao nosso grupo de jovens, que, ao longo desses dois anos, amadureceu muito na compreensão e na satisfação dos nossos encontros. Altamente participativos e interessados no aprendizado, foram melhorando seu comportamento individual e, consequentemente, do grupo; foram nossos colaboradores e incentivadores no andamento do trabalho. Essa forma interativa e dinâmica de desenvolver a tarefa tornou o compromisso mais estimulante para abarcarmos mais jovens para o nosso trabalho com Jesus."

REFERÊNCIAS

Referências bibliográficas

COSTA, Gilvan Luiz Machado. "Mudanças da cultura docente em um contexto de trabalho colaborativo mediado pelas tecnologias de informação e comunicação". In: *Perspectivas em ciências da Informação*, vol. 13, n. 1 2008, p.152 e ss BH: UFMG.

DAMÁSIO, António. *Em busca de Espinosa: prazer e dor na ciência dos sentimentos*. São Paulo: Companhia das Letras. 2004.

FEDERAÇÃO ESPÍRITA BRASILEIRA. *A evangelização espírita da infância e da juventude na opinião dos espíritos*. Separata do Reformador, Rio de Janeiro, outubro de 1986.

FORMAN, Ellice e CAZDEN, Courtney. "Exploring Vygotskian perspectives in education: The cognitive value of peer interaction". III: WERTSCH, James V. *Culture, communication and cognition: Vygotskian perspectives*. Cambridge: Cambridge University Press, 1988, pp. 323-347.

FRANCO, Divaldo Pereira. Manoel Philomeno de Miranda (espírito). *Transição planetária*. Salvador: LEAL, 2010.

JACINTHO, Roque. *O peixinho azul*. Rio de Janeiro: FEB, 2007.

JODELET, D. *As representações sociais*. Rio de Janeiro: Eduerj, 2001.

KARDEC, Allan. *A Gênese*. Rio de Janeiro: FEB, 1990.

______. *O Evangelho segundo o Espiritismo*. Rio de Janeiro: FEB, 1988.

______. O *Livro dos Espíritos*. Rio de Janeiro: FEB, 2007.

LIBÂNEO, J. C. "A didática e a aprendizagem do pensar e do aprender: a Teoria histórico-cultural da atividade e a contribuição de Vasili Davydov" . *Revista Brasileira de Educação*, 2004, 6, set a dez 2004.

MOSCOVICI, Serge. *Representações sociais: Investigações em psicologia social*. Petrópolis: Vozes, 2009.

MOYSÉS. Lucia Maria Moraes. *Como aprendemos? Teoria e prática na educação espírita*. 2ª ed. Capivari: EME , 2011.

______. *O desafio de saber ensinar*. 16ª ed. Campinas: Papirus. 2012.

______. *Aplicações de Vygotsky à educação matemática*. 11ª ed. Campinas: Papirus. 2012.

PEREIRA, Sandra Maria BORBA. *Reflexões pedagógicas à luz do evangelho*. Curitiba: Federação Espírita do Paraná, 2009.

PEREIRA, Sandra Maria Borba e LEMOS, Claudia Farache. *Saberes necessários à tarefa da evangelização infantojuvenil*. Curitiba: Federação Espírita do Paraná, 2011.

RIBEIRO, Júlio Cezar Grandi. *Presença jovem*. Vila Velha: Cordis Casa Espírita Cristã, 1985.

RIVINA, Irene. "L'organization des activités en commun et le développement cognitif des jeunes élèves". In: GARNIER, Catherine. *Aprés Vygotski et Piaget. Perspectives sociale et constructiviste. Écoles russe et occidentale*. Bruxelas: De Boek Université, 1991, pp. 163-178.

ROCHA, Cecília. *Pelos caminhos da evangelização*. Rio de Janeiro: FEB, 2006.

TEIXEIRA, Raul. Rosângela (espírito). *Não tenha medo de espíritos*. Niterói: Fráter, 2011.

RUBTSOV, Vitaly e GUZMAN, R. Ya. "Psychological characteristics of the methods pupils use to organize joint activity in dealing with a school task". *Soviet Psychology*. nº 2. mar./abr. 1984/1985, vol. 23, pp. 65-83.

SAPUCAIA, Iracema. *O besouro Casca-dura (e outros contos)*. 10ª ed. São Bernardo do Campo: Correio Fraterno, 2008.

VALSINER, Jaan e VAN DER VEER, René. *Vygotsky: uma síntese*. São Paulo: Loyola, 1996.

VIRGÍLIO, Nilceia. Lucia (espírito). *Pedrinho e sua viagem maravilhosa*. São Paulo: O Clarim e Editora Espírita Allan Kardec, 1991.

VOLK, Ana Alice. *O passarinho que não cantava*. Araras: IDE, 2008.

VYGOTSKY, L. *A formação social da mente*. São Paulo: Martins Fontes, 1984.

______. "Imagination and creativity in child hood". In: *Soviet Psychology*. nº 21, Jan./fev. 1990, vol. 28, pp. 84-96.

______. *Pensamento e linguagem*. Rio de Janeiro: Martins Fontes, 1984.

VYGOTSKY, L. e outros. *Psicologia e pedagogia. Bases psicológicas da aprendizagem e do desenvolvimento*. São Paulo: Moraes, 1991.

XAVIER Francisco Cândido. Neio Lúcio (espírito). *O carneiro revoltado*. Rio de Janeiro: FEB, 2007.

ZANKOV, L.V. "Combinações de meios verbais e visuais no ensino". In: VYGOTSKY et alii. *Psicologia e pedagogia. Investigações experimentais sobre problemas didácticos específicos*. Lisboa: Estampa, 1991, pp. 99-122.

Referências eletrônicas:

Cifras de músicas: http://www.cifras.com.br/cifra/sonia-da-palma/a-ciranda-da-reencarnacao . Acessado em 23 de janeiro de 2013.

Correio Fraterno editora: www.correiofraterno.com.br

Editora EME: http://www.editoraeme.com.br/. acessado em 7 de fevereiro de 2013.

Editora Fráter: http://www.editorafrater.com.br/. acessado em 7 de fevereiro de 2013.

Editora IDE: http://www.idelivraria.com.br/ acessado em 7 de fevereiro de 2013.

Federação Espírita Brasileira: www.febnet.org.br acessado em 7 de fevereiro de 2013.

Grupo Palavra Cantada: http://www.youtube.com/watch?v=j7arlpPAQ7w . Acessado em 17/09/2012

Histórias Cantadas: http://www.cifras.com.br/cifra/sonia-da-palma/a-ciranda-da-reencarnacao . Acessado em 23 de janeiro de 2013.

Projeto Imagem: http://www.projetoimagem.com.br/ acessado em 14 de janeiro de 2013.

Vídeo funcionamento dos neurônios: http://www.psiqweb.med.br/site/?area=NO/LerNoticia&idNoticia=290, acessado em 13 de janeiro de 2013.

Vídeo mensagem psicofônica de Bezerra de Menezes. https://www.youtube.com/watch?v=bJHLSD56WTY. Acessado em 30/10/2012.

DA MESMA AUTORA:

Educação com sabor de eternidade

Lucia Moysés & autores diversos
Educação espírita • 16x22,5 cm • 240 páginas

Lucia Moysés reuniu trabalhos bem-sucedidos de educadores espíritas junto a crianças e jovens. Neste livro, ela apresenta a pioneira experiência de evangelização para bebês, mostra os movimentos para além dos muros da casa espírita e os recursos da tecnologia que se constituíram em ferramentas destes educadores.

DA MESMA AUTORA:

Como aprendemos? Teoria e prática na educação espírita

Lucia Moysés
Educação espírita • 14x21 cm • 160 páginas

O que é preciso saber para se ensinar bem? O que acontece na mente de quem aprende? Essas e outras questões são apresentadas neste livro de forma clara e coloquial, permitindo que se ponham em prática as inúmeras sugestões apresentadas. Livro ideal para educadores espíritas de crianças, jovens e adultos.

Educar os filhos, compromisso inadiável

Lucia Moysés
Educação espírita • 14x21 cm • 216 páginas

Desperta em nós emoções e sentimentos que nos predispõem a essa empreitada e nos faz acreditar que, a despeito de toda tecnologia é, ainda, no contato pessoal com cada criatura humana que conseguiremos fazer brotar em nossos corações o amor tão grandemente vivido e pregado por Jesus.

Nas mãos amigas dos pais

Lucia Moysés
Educação espírita • 14x21 cm • 168 páginas

Apresenta o olhar da educação espírita sobre diversos temas atuais, orientando os pais na difícil tarefa de educar e encaminhar os filhos para um verdadeiro desenvolvimento moral. Esclarece ainda que, com carinho e perseverança, podemos inspirar nessa nova geração conceitos morais baseados no espiritismo.

CONHEÇA TAMBÉM:

O aprendiz - quem pergunta quer saber

Elaine Aldrovandi
Iniciação • 14x21 cm • 208 páginas

O aprendiz - quem pergunta quer saber é um livro esclarecedor que certamente será de muita utilidade a quem se inicia no conhecimento espírita. Bem como servirá de reforço e renovação para os que já militam nas fileiras doutrinárias, capacitando-os à tarefa de também esclarecer novos aprendizes.

Tardes com Alice

Ana Maria Couto de Souza
Juvenil • 15,5x22,5 cm • 112 páginas

As conversas entre a professora Alice e seus jovens, a princípio informais, se transformam em encontros espirituais onde se tratam assuntos curiosos, através dos quais se vai descobrindo os reais valores da vida em sociedade – a intimidade, a fraternidade, a alegria de evoluir.

Meninos também crescem no Além

Wilma Stein • Vovô Sabino (espírito)
Juvenil • 15,5x21,5 cm • 80 páginas

O órfão Ventania aos oito anos é atropelado e morto em plena via pública. Resgatado pelos espíritos que atendem os acidentados fatais, ele se vê surpreendido ao constatar que no mundo espiritual existe toda uma organização onde ele terá oportunidade de estudar, crescer e se transformar.